En couverture :
Le service des entremets est annoncé au son des cuivres.
BnF, Ms fr 9002, f° 148v, xve siècle. Photo BnF.

En dernière de couverture :
Pain, vin et *companage* (« ce qui accompagne le pain ») constituent les trois éléments de base du « modèle alimentaire paysan ». BnF, Ms fr 22545, f° 72. Photo BnF.

À la table des seigneurs,
des moines et des paysans du Moyen Âge

Texte Eric Birlouez

Editions OUEST-FRANCE

Trois groupes sociaux aux régimes alimentaires contrastés : *bellatores, oratores* et *laboratores*

La période que l'on désigne sous le nom de « Moyen Age » couvre un millénaire entier (de la fin du Vᵉ siècle jusqu'aux dernières années du XVᵉ siècle). Au cours de ces mille ans d'histoire, l'alimentation des populations européennes n'a pas été, loin s'en faut, immuable. Mais, à côté des évolutions et des changements qui se sont opérés, certains comportements ou attitudes vis-à-vis de la nourriture n'ont pas varié d'un pouce. C'est le cas, par exemple, de cette conviction, partagée du début à la fin de la période médiévale par tous les membres de la société : le style d'alimentation d'une personne doit impérativement être conforme à son statut social. Les nourritures et boissons consommées ainsi que les manières de manger doivent afficher clairement, aux yeux de tous, le rang occupé par chacun dans la société. Le type d'alimentation constitue donc un puissant « marqueur social » et un élément de distinction entre les différents groupes qui forment la société. A la différence du consommateur d'aujourd'hui, relativement autonome dans ses choix alimentaires, le mangeur du Moyen Age est contraint de suivre un « modèle alimentaire » particulier, défini en fonction de son appartenance à l'un des trois « ordres » constituant la société médiévale.

A partir du IXᵉ siècle, celle-ci est en effet conçue comme un système tripartite où se côtoient *oratores* (ceux qui prient), *bellatores* (ceux qui combattent) et *laboratores* (ceux qui travaillent). Ces trois groupes sont complémentaires : les prêtres et les moines prient pour le salut de l'âme de leurs frères chrétiens, les guerriers (les nobles) protègent la société et les travailleurs de la terre ont pour rôle de la nourrir. Dès cette époque, émerge une norme alimentaire fondamentale : il faut manger « selon sa qualité », c'est-à-dire selon le groupe social auquel on appartient. *Oratores*, *bellatores* et *laboratores* vont alors se distinguer sur plusieurs aspects. Tout d'abord par les quantités de nourriture consommées : le noble doit manger plus que le paysan ; le moine, *a contrario*, doit faire preuve d'une grande frugalité. La distinction porte ensuite sur le type et la qualité des aliments ingérés : la viande est l'aliment aristocratique par excellence tandis que les légumes et les légumes secs sont « réservés » aux pauvres. Le mode de préparation culinaire diffère également : les puissants privilégient le rôti et le grillé alors que le bouilli caractérise l'alimentation paysanne.

Page de gauche
Au Moyen Age, rois et nobles doivent s'alimenter d'une manière conforme à leur statut social, c'est-à-dire manger *plus* et *autrement* que les autres groupes de la société.
Bibliothèque municipale de Marseille, Ms 89, f° 43A, XVᵉ siècle.
Photo CNRS-IRHT.

La société médiévale est divisée en trois « ordres » – *bellatores* (les nobles), *oratores* (les religieux) et *laboratores* (les travailleurs) – dont le type d'alimentation présente des différences marquées. BnF, Ms fr 126, f° 7, xve siècle. Photo BnF.

À LA TABLE DES SEIGNEURS, DES MOINES ET DES PAYSANS DU MOYEN ÂGE

Un exemple des nombreuses *normes* alimentaires du Moyen Age : la femme doit toujours manger moins que l'homme.
Bibliothèque municipale de Dijon, Ms 341, f° 341. Photo CNRS-IRHT.

Tout écart à ces normes — comme le fait de se régaler de mets plus raffinés que ceux qu'autorise son rang social — constitue un « péché de bouche » montré du doigt, voire sanctionné. Chaque modèle alimentaire présente toutefois des variantes en fonction de l'activité du mangeur (travail physique intense, voyage de longue durée, intégration dans une armée en guerre), de son âge et de son sexe. Concernant ce dernier critère, il est clairement établi que la femme doit toujours manger moins que son conjoint, y compris dans les situations où la nourriture manque ou est volontairement limitée (période de carême). Il en est de même pour le vin : afin d'éviter que, grisée par l'enivrant breuvage, la femme entraîne ses congénères masculins dans des excès sexuels, son verre sera coupé d'un plus grand volume d'eau !

A la hiérarchie de la société correspond une hiérarchie des aliments

Différents aspects ont été pris en compte pour définir les spécificités de chacun des trois principaux modèles alimentaires : le modèle aristocratique, le modèle monastique et le modèle paysan. La première préoccupation a été d'identifier des aliments particuliers et des manières de manger susceptibles de constituer des signes de distinction sociale : outre la viande, le fait de consommer une grande quantité et une grande diversité d'épices a également été défini comme caractéristique du modèle alimentaire aristocratique.

Les fraises des bois se développent au ras de la terre, élément considéré comme le moins « noble ». Pour cette raison, elles sont rarement consommées par les aristocrates.
Bibliothèque municipale de Carpentras, Ms 77, f° 90. Photo CNRS-IRHT.

La diététique a également beaucoup influencé la construction de ces trois styles d'alimentation. Par exemple, les médecins du Moyen Age estimaient que la chair des volailles domestiques et des volatiles sauvages était « peu nourrissante ». A leurs yeux, c'était une qualité car, du coup, cet aliment convenait parfaitement à l'estomac des nobles « oisifs ». En outre, la chair des oiseaux présentait l'avantage d'être « chaude » et « humide », ce qui constituait une sorte d'idéal alimentaire. *A contrario,* ces mêmes médecins considéraient que la viande de bœuf ne pouvait convenir qu'aux rudes paysans, seuls capables d'assimiler cet aliment « grossier ».

Ci-contre
Volant haut dans le ciel, le faisan et les grands volatiles dominent toutes les autres créatures : c'est pourquoi leur chair est jugée tout à fait adaptée aux classes... *dominantes* **de la société médiévale.**
BnF, Ms fr 1298, f° 85v. Photo BnF.

Le troisième aspect pris en considération était de nature symbolique et religieuse : il relevait de la vision du monde que partageaient tous les membres de la société médiévale. Pour l'homme du Moyen Age, l'univers est l'œuvre de Dieu, qui lui a donné une organisation verticale. Les quatre éléments constitutifs de la Création sont ainsi hiérarchisés du haut vers le bas : l'élément le plus valorisé est le feu ; viennent ensuite l'air (ou les cieux, séjour de Dieu et des anges), puis l'eau et enfin la terre, domaine le plus éloigné du Créateur. De cette hiérarchie des quatre éléments découle une hiérarchie des créatures animales et végétales qui les peuplent, et donc une échelle de valeurs des aliments... elle-même mise en relation avec la hiérarchie de la société humaine. Cette représentation – appelée « la grande chaîne de l'être » – explique pourquoi les légumes seront, tout au long du Moyen Age, méprisés par les *bellatores*. Ces végétaux sont en effet issus de la terre : cet élément étant le moins noble de tous, les légumes ne peuvent convenir aux personnes nobles. Ils sont donc « laissés » aux paysans et aux pauvres des villes qui, eux, peuvent se contenter de ces nourritures réputées « grossières ». Le dédain est particulièrement marqué vis-à-vis des « bulbes » (ail, oignon, échalote, poireau) et, dans une moindre mesure, des « racines » (navet, rave, panais, carotte), végétaux dont la partie consommée est souterraine. Un peu moins mal considérés sont les légumes dont les feuilles partent de la racine (salade, épinard) ou, ce qui est mieux, de la tige (chou, pois).

A contrario, parce qu'ils sont entièrement au contact de l'air, les fruits et les grains de céréales bénéficient d'un statut supérieur : leur position « haute » les destine *naturellement* à être consommés par les personnes de rang « élevé ». En revanche, les médecins de l'époque recommandent la plus grande prudence vis-à-vis des melons et des fraises des bois, fruits qui se développent au ras du sol.

La partie consommable de l'oignon se trouve sous la terre. Ce « bulbe » ne pouvait donc convenir aux personnes de rang social élevé.
BnF, Ms fr 12322, f°162, XVe siècle. Photo BnF.

A la différence des *laboratores*, les classes « dominantes » se régalent de la chair des grands oiseaux : hérons, grues, cigognes, cygnes, paons, faisans... Associées à l'élément « air » et volant haut dans le ciel (donc proches de Dieu), ces créatures *dominent* tous les autres animaux et correspondent, de ce fait, au statut social des *bellatores*.

Comment le noble oluuer roy de cas
tille donna sa fille par mariage au
roy artus dalgarbe son compaignon
Et de la mort doluuer et de sa feme.

Ainsi le gentil roy dalgarbe
quant il eut ouy le roy de
castille parler en telle manie
re le remercia humblement, en lui disant
quil lui faisoit plus donné quil ne valoit

Le régime aristocratique

Un premier trait distinctif de l'alimentation des nobles réside dans le fait d'ingérer de grandes quantités de nourriture. Manger beaucoup et, si possible, plus que les autres convives constitue un signe extérieur de richesse et de pouvoir. Cette « hyperphagie » permet au noble de s'afficher comme différent et supérieur vis-à-vis du moine frugal et du paysan qui, lui, ne mange pas tous les jours à sa faim. Le seigneur se voit donc présenter les plus grosses portions, la taille de celles proposées à ses hôtes se réduisant à mesure que diminue leur rang. Lorsque Humbert II, dauphin du Viennois au milieu du XIVe siècle, passe à table pour dîner, il dispose de deux livres de viande salée tandis que les barons et grands chevaliers qui s'assoient à ses côtés n'en reçoivent que la moitié, que les simples chevaliers n'ont droit qu'au quart de la ration du prince, et que les écuyers, chapelains et clercs de chapelle doivent se contenter du huitième de la quantité servie à leur maître. Les moins bien lotis sont les serviteurs et valets qui, malgré leurs dépenses physiques plus importantes, ne disposent que du seizième de la portion du dauphin. Ce qui vaut pour la viande salée – à savoir la division par deux de la ration à mesure que l'on descend d'un cran dans l'échelle sociale – vaut pour la plupart des autres plats.

La consommation de viande constitue un des éléments clés du style d'alimentation des puissants, à tel point qu'elle en devient le symbole. La « chair » est en effet associée à la force physique, à la puissance sexuelle et au pouvoir, trois notions étroitement liées entre elles et que les aristocrates du Moyen Age placent au sommet de leur échelle de valeurs. A ce propos, il est révélateur de noter qu'à l'époque carolingienne, les nobles qui étaient reconnus coupables de comportements indignes de leur rang (trahison, lâcheté...) pouvaient être sanctionnés par l'interdiction de manger de la viande pendant une période, voire pendant toute leur vie ! Etre contraint de renoncer à la viande était synonyme de perte de son statut de « dominant ».

Par son style d'alimentation particulier, le couple royal manifeste sa supériorité vis-à-vis de ses sujets.
BnF, Ms fr 5070, f° 25v, XVe siècle. Photo BnF.

Page de gauche
L'alimentation des seigneurs ne se distingue pas seulement par la quantité et la nature des aliments consommés mais aussi par les manières de manger, la disposition des tables, la vaisselle précieuse, le « ballet » des serviteurs, la présence de musiciens... BnF, Ms fr 12574, f° 181v. Photo BnF.

La chasse est un loisir très prisé par les nobles et, en même temps, une importante source de viande, aliment symbolique des « puissants ». BnF, Ms fr 616, f° 68, xve siècle. Photo BnF.

Parmi toutes les viandes, celles de gibier sont les plus prisées par les nobles. A cela rien d'étonnant : le seigneur pratique la chasse avec la même passion qu'il fait la guerre. Les deux activités ne sont d'ailleurs pas éloignées l'une de l'autre : la poursuite à cheval du gibier constitue une préparation aux futurs combats. Plus que la viande des animaux d'élevage, les venaisons sont associées à la force physique : celle du chasseur qui traque le gros gibier, mais aussi celle de la proie pourchassée.

Un élément supplémentaire de différenciation sociale apparaît lorsqu'on examine la façon dont la viande est cuite. Nous avons indiqué plus haut que les paysans la mangent bouillie tandis que les seigneurs apprécient davantage les viandes rôties et grillées. Cette distinction n'est pas seulement affaire d'habi-

Le gibier occupe une place de premier plan dans le « modèle alimentaire » de la noblesse. BnF, Ms fr 9342, f° 55v, xv° siècle. Photo BnF.

tudes ou de goûts ni même de moyens financiers (les broches et grils en métal sont très coûteux pour les pauvres). Des raisons anthropologiques peuvent également expliquer cet attrait de la noblesse pour le grillé : ce mode de cuisson permet aux flammes d'être en contact direct avec la pièce de viande crue tandis que le bouilli interpose le récipient et l'eau entre le feu et l'aliment. Or, la noblesse du haut Moyen Age valorise le rapport étroit, sans intermédiaire, entre l'homme et la nature sauvage. C'est pourquoi elle investit le grillé d'une valeur symbolique supérieure à celle du bouilli.

La consommation de la chair des grands oiseaux et des volailles, ainsi que celle des épices constituent, nous y reviendrons, d'autres éléments distinctifs du modèle alimentaire des élites médiévales.

De la mi-septembre à l'entrée en Carême (40 jours avant Pâques), les moines ne sont autorisés à prendre qu'un seul repas par jour. Par ailleurs, la viande est totalement exclue (en théorie) du régime alimentaire monastique.

Bibliothèque royale de Belgique, *L'orloge de Sapience* de Henri Suso, Ms Bruxelles KBR IV. 111, f° 20v, XVe siècle. Photo Bibliothèque royale de Belgique.

Le modèle alimentaire monastique

Le groupe des *oratores* se subdivise en deux catégories – le clergé séculier et le clergé régulier – qui ne sont pas astreintes aux mêmes règles alimentaires. Les religieux séculiers – prêtres, curés de paroisse, évêques… – sont appelés ainsi car ils vivent « dans le siècle », c'est-à-dire au contact des autres groupes de population. A la différence des « réguliers » – c'est-à-dire des moines et moniales qui suivent une règle – ils peuvent manger de la viande… sauf, bien entendu, les jours « maigres » où celle-ci est interdite à tous les chrétiens, qu'ils soient religieux ou laïcs.

En revanche, l'abstinence totale de viande est la norme (du moins en théorie) chez celles et ceux qui ont fait vœu de pauvreté, d'obéissance et de chasteté. Dès l'origine, les premières communautés monastiques ont en effet décidé d'exclure cet aliment. Par cet interdit, elles entendaient exprimer leur rejet des « valeurs » que la viande symbolisait : la richesse matérielle, le pouvoir, la force brutale, la violence et la sexualité (la viande, pensait-on, excite les sens et conduit à la luxure). Les religieux dont l'engagement est le plus radical, les ermites, vont encore plus loin : ils ne se nourrissent que de plantes sauvages, et ils les consomment toujours crues, voulant signifier par là leur rupture totale avec le monde « civilisé ».

L'idéal de pauvreté et d'humilité des moines devrait logiquement rapprocher leur style d'alimentation de celui des *laboratores* dont le régime est souvent frugal, peu varié, constitué d'aliments et de mets peu sophistiqués et, dans l'ensemble, probablement peu savoureux. Mais les abbés et prieurs des monastères sont très souvent issus de la noblesse, groupe social dont le modèle alimentaire répond à d'autres valeurs. D'où une situation ambiguë qui explique, par exemple, le fait que les moines consomment du pain de froment, un aliment pourtant caractéristique du modèle aristocratique. De même, les mets qui remplacent la viande font parfois l'objet de raffinements culinaires bien éloignés de l'idéal monastique de simplicité. Ces écarts à la norme n'échappent évidemment pas à Bernard de Clairvaux (le futur saint Bernard) qui s'insurge contre « les dizaines de façons de préparer les œufs » dont s'enorgueillissent les moines de Cluny, l'abbaye phare de la chrétienté. A la même époque, le théologien Pierre Abélard s'interroge sur le sens que peut revêtir l'abstinence de viande lorsque le poisson destiné à la remplacer s'avère *in fine* beaucoup plus coûteux. En réalité, au sein des abbayes, la viande n'apparaît pas aussi « taboue » que le réclame la règle. La maladie ou, simplement, un état de faiblesse autorise le moine à consommer cet aliment réputé procurer force et vigueur. Et nombreux sont ceux qui se font « porter pâles » pour en bénéficier... Par ailleurs, il ne manque pas de grandes fêtes religieuses, de jours « spéciaux » et d'événements « exceptionnels » pour autoriser la présence de viande au réfectoire du monastère.

De fait, à partir de la fin du XIe siècle, le régime alimentaire des moines de Cluny commence à s'assouplir. Mais tout au long des cinq siècles précédents la règle instituée par saint Benoît, fondateur du monachisme occidental, avait été assez bien respectée. De Pâques à fin septembre, période de jours longs, la règle stipule que les moines bénéficient de deux repas par jour. Le premier, vers midi, se compose d'un potage de fèves et d'un ragoût de légumes, auxquels s'ajoutent parfois des fruits, des œufs ou du fromage accompagnés de pain et de vin. Le second repas est pris le soir, après l'office de vêpres. Mais ce souper est très léger : on y mange les restes du midi. A partir d'octobre et jusqu'à l'entrée en carême, il n'y a plus qu'un seul repas de toute la journée. Par ailleurs, lors des très nombreux jours de jeûne, et quelle que soit la période de l'année où ils se situent, les moines ne prennent qu'un seul repas. Celui-ci se déroule vers 3 heures de l'après-midi, lorsque sonne à la cloche du monastère l'heure de none (d'où vient le terme anglais *afternoon*, « après none »). Et la période de carême voit cet unique repas de la journée décalé à l'heure du coucher du soleil. Mais, au fil du temps, la rigueur des origines se relâche et le repas des jours de jeûne se trouve progressivement avancé vers le milieu de la journée. Du coup, on autorise la prise, dans la soirée, d'une « collation ». Le mot est issu des *Collationes*, c'est-à-dire des conférences de Jean Cassien, un moine du Ve siècle dont on avait pris l'habitude de lire les textes lors de cette prise alimentaire de fin de journée (ces conférences étaient courtes, donc adaptées à ce repas consommé rapidement).

La règle du silence oblige les membres des communautés monastiques à recourir à un « langage des mains ».
BnF, Ms fr 911, f° 66, XVe siècle.
Photo BnF.

Pain, vin et *companage* (« ce qui accompagne le pain ») constituent les trois éléments de base du « modèle alimentaire paysan ». BnF, Ms fr 22545, f° 72. Photo BnF.

Repas de paysans

La connaissance de l'alimentation des *laboratores* se heurte à l'absence de sources directes. Les livres de comptes, en effet, ne consignent que les dépenses occasionnées par l'achat des aliments destinés à la table des puissants. Seules sont disponibles des sources indirectes : inventaires réalisés après le décès d'un individu, testaments, recensements, etc. Une autre difficulté pour appréhender le style d'alimentation des *laboratores* réside dans le fait que ce groupe social est hétérogène : les pauvres des campagnes et des villes, ainsi que les artisans et petits commerçants urbains en font partie au même titre que les paysans riches, propriétaires de lopins de terre et dont le régime alimentaire est à l'évidence plus abondant et plus varié.

En dépit de l'insuffisance des sources, nous savons que le modèle alimentaire paysan reposait sur trois éléments fondamentaux : le pain, le vin et le *companage*, terme à la signification éloquente : « ce qui accompagne le pain ». Pain et vin sont souvent étroitement associés : l'usage veut en effet que l'on trempe dans le breuvage alcoolisé de larges « soupes », le mot désignant à l'origine des tranches de pain.

Page de droite
Bien que faisant également partie des *laboratores*, les riches marchands des villes ont une alimentation plus abondante et plus variée.
Bibliothèque municipale de Marseille, Ms 89, f° 43B, xv° siècle. Photo CNRS-IRHT.

En dehors des jours de fête, l'alimentation des *laboratores* se caractérise par son caractère frugal et sa monotonie. BnF, Ms fr 22500, f° 4. Photo BnF.

TROIS GROUPES SOCIAUX AUX RÉGIMES ALIMENTAIRES CONTRASTÉS : *BELLATORES*, *ORATORES* ET *LABORATORES*

Récolte des choux. Au Moyen Âge, c'est un des légumes les plus consommés par les gens du peuple.
BnF, Ms latin 9333, f° 20, xvᵉ siècle.
Photo BnF.

Mais le pain n'est pas la seule forme sous laquelle sont consommées les céréales, base de l'alimentation paysanne. Galettes et bouillies figurent également au menu. Par ailleurs, la plupart des familles rurales vendent au marché la majeure partie de leur récolte de froment (la céréale « noble ») ou, plus exactement, ce qu'il en reste après soustraction de la part due au seigneur local. Les céréales dont se nourrissent les paysans sont donc pour l'essentiel des céréales secondaires : seigle, orge, épeautre…

Légumes et légumes secs constituent l'autre pilier du régime paysan. Entretenus par les femmes, les vieillards et les enfants, les potagers familiaux produisent choux, raves, poireaux, navets, épinards, panais, aulx, oignons… aliments peu prisés, nous l'avons vu, par les classes dominantes. Les légumes secs – fèves, lentilles, pois chiches, vesces et gesses – représentent quant à eux un apport nutritionnel appréciable du fait de la composition en acides aminés de leurs protéines, complémentaires de ceux des céréales. Aux légumes et légumes secs s'ajoutent les produits de la cueillette : légumes sauvages (asperges, cresson…), herbes aromatiques (thym, sauge, laurier…), champignons, fruits et baies sauvages, ou encore fruits secs (noisettes, noix, etc.).

Sur les tables paysannes et ouvrières, la viande n'est pas aussi rare qu'on pourrait le penser. Certaines périodes du Moyen Age ont même vu les humbles consommer de grandes quantités de viande de porc, mais aussi de brebis, de chèvre et de bovins, ces derniers étant consommés âgés, lorsqu'ils ne produisent plus de lait ou n'ont plus la force de tirer l'araire. Cette viande est mangée fraîche (c'est le cas du porc à l'entrée de l'hiver) ou conservée par le sel.

En revanche, la consommation de volailles est restreinte, celles-ci étant réservées aux repas de fête et aux malades. Par ailleurs, il faut satisfaire à l'obligation d'approvisionner les tables du château, les nobles étant, rappelons-le, de grands amateurs de ces animaux de basse-cour.

Les textes de l'époque nous indiquent clairement à quel point l'alimentation des *laboratores,* et tout particulièrement celle des paysans, suscite un profond mépris, pour ne pas dire un puissant dégoût, chez ceux qui ont la chance d'avoir accès à une nourriture abondante, variée et raffinée. Les riches « oisifs » qualifient les travailleurs pauvres de la campagne de mangeurs « d'ail grossier » et de « vieux lard », ils leur reprochent d'être des amateurs inconditionnels de « platées de vesces ou de choux, mises plusieurs fois à réchauffer ». Ils critiquent également leurs manières de table grossières, de même que leur habitude de manger « deux ou trois fois dans la matinée », pratique rendue nécessaire par une longue journée de labeur.

L'abattage du cochon permet de manger de la viande fraîche à l'entrée de l'hiver, puis sous forme de salaisons le reste de l'année.
Bibliothèque municipale de Besançon, Ms 54, f° 6, XIIIe siècle.
Photo CNRS-IRHT.

20 À LA TABLE DES SEIGNEURS, DES MOINES ET DES PAYSANS DU MOYEN ÂGE

La faim au ventre

Contrairement à ce qu'on a longtemps pensé, les hommes et les femmes du Moyen Age n'ont pas vécu en permanence avec le ventre tenaillé par la faim. A partir du XIe siècle, la progression des cultures au détriment des prairies naturelles, des forêts, des landes et des marécages a permis de mieux nourrir une population en croissance qui, en retour, a offert ses bras pour le travail de la terre. On peut penser qu'en dehors des périodes de disette et de famine, l'alimentation des travailleurs du Moyen Age leur apportait suffisamment d'énergie. Les calculs des historiens ont montré que la ration alimentaire dépassait souvent 4000 calories par jour (soit le double de ce que nous ingérons aujourd'hui) et qu'elle pouvait même atteindre 6000 calories ! Mais compte tenu de l'intense activité physique déployée, ces calories étaient brûlées et ne s'accumulaient donc pas sous forme de graisses génératrices d'obésité et d'autres pathologies. En revanche, le régime alimentaire paysan pouvait présenter des déséquilibres en certaines vitamines, minéraux et micro-nutriments.

Mais la précarité alimentaire existait bel et bien. Compte tenu de la place centrale occupée par le pain dans l'alimentation, une mauvaise récolte de céréales suffisait à faire resurgir le risque de manquer de nourriture. Les mauvaises conditions climatiques (sécheresse, pluies diluviennes, froid, gel) mais aussi les guerres ont été à l'origine des grandes famines et des nombreuses disettes locales qui ont émaillé le millénaire médiéval. Le dernier siècle fut très durement touché : plusieurs famines réduisirent la population de la

Les armées en guerre causent bien des dégâts aux cultures des paysans.
Médiathèque de l'agglomération Troyenne, NN 4 1335, f° 212.
Photo CNRS-IRHT.

Page de gauche
Un hiver trop froid ou trop prolongé compromet les futures récoltes et fait resurgir le spectre de la faim.
Musée Condé de Chantilly, Ms 65, f°2v, XVe siècle.
Photo RMN, R-G. Ojéda.

Ce marchand de poisson doit sa prospérité au fait que cet aliment constitue le mets privilégié des jours « maigres ».
BnF, NAL 1673, f° 79, fin XIVe siècle. Photo BnF.

France de moitié, la faisant passer de 20 à 10 millions de personnes. Le manque de nourriture affaiblissait les corps, ce qui aggravait l'impact des maladies. Si la grande peste de 1348-1351 est parvenue à faire disparaître le tiers de la population d'Europe occidentale (et jusqu'à la moitié des habitants dans certaines régions), c'est en partie parce que le bacille s'attaquait à des organismes sous-nutris et donc incapables de lui résister.

Lorsque le grain vient à manquer, on a recours à des substituts. Devenue rare, la farine de froment ou de seigle est pour partie remplacée par la farine de fèves ou de châtaignes, très peu panifiable. Mais, quand toutes les sources de nourriture sont épuisées, il faut bien, pour survivre, manger l'inimaginable : des racines, des rats, et même de la chair humaine. Aux alentours de l'an mil, le moine bourguignon Raoul Glaber décrit à quelles extrémités furent réduits les plus pauvres lorsqu'une terrible famine survint dans le royaume…

« Quand on eut mangé les bêtes sauvages et les oiseaux, les hommes se mirent, sous l'empire d'une faim dévorante, à ramasser pour les manger toutes sortes de charognes et de choses horribles à dire. Certains eurent recours pour échapper à la mort aux racines des forêts et aux herbes des fleuves. Une faim enragée fit que les hommes dévorèrent de la chair humaine. Des voyageurs étaient enlevés, leurs membres découpés, cuits au feu et mangés… Beaucoup, en montrant un fruit ou un œuf à des enfants, les attiraient dans des lieux écartés, les massacraient et les dévoraient. Les corps des morts eux-mêmes furent en bien des endroits arrachés à la terre et servirent également à apaiser la faim… »

Manger en chrétien

A l'époque médiévale, l'Eglise influence fortement les façons de penser et d'agir des individus, quel que soit le groupe social auquel ils appartiennent. L'alimentation n'échappe pas à cet « encadrement » des comportements : les autorités religieuses imposent des obligations alimentaires qui consistent, pour l'essentiel, en interdictions. Toutefois, ces privations ne revêtent pas un caractère permanent à la différence, par exemple, de l'exclusion « absolue » du porc par les juifs et les musulmans. Ainsi, chez les chrétiens laïcs, l'abstinence de viande n'est exigée que lors des jours « maigres ». De plus, les règles édictées par l'Eglise ne s'appliquent pas dans tous les diocèses avec la même rigueur,

et elles ont varié au cours des siècles médiévaux. Par ailleurs, des dispenses sont fréquemment accordées, qui en réduisent le caractère contraignant.

L'année religieuse fait alterner jours « gras » et jours « maigres ». Ces derniers se caractérisent *a minima* par l'interdiction de consommer de la viande. Celle-ci est en effet perçue comme favorisant le péché de chair. Au VIIᵉ siècle, Isidore de Séville le réaffirmait on ne peut plus clairement : « Les aliments carnés engendrent la luxure et la chair : ils ont un effet échauffant et nourrissent tous les vices. »

A l'instar de la viande, les œufs – produits d'origine animale – sont prohibés pendant le Carême, de même que les graisses animales et les produits laitiers.
BnF, Ms latin 9333, f° 63v, XVᵉ siècle.
Photo BnF.

Aliment « froid » et « humide », le poisson est le symbole de la nourriture du chrétien. La viande, elle, est réputée « échauffer les sens » et conduire à la luxure.
Musée Lapidaire de Souvigny, *Colonne du zodiaque* dit *Calendrier de Souvigny*, XIIe siècle. Photo Dagli Orti.

A cette restriction portant sur la viande, s'ajoute souvent l'interdit des graisses animales et même, à certaines périodes de l'année (en carême), l'exclusion des œufs et des laitages. Tous ces aliments ont en effet la mauvaise réputation d'être à la fois « les plus délectables et les plus excitants » (saint Thomas d'Aquin).

A ces périodes ou journées au cours desquelles l'ingestion de certains aliments est prohibée, l'Eglise a donné le nom de « jeûnes ». Pour nous, aujourd'hui, ce terme évoque la privation totale de toute nourriture. Mais, de cela, il n'a jamais été question, même s'il est vrai que jusqu'au VIIIe siècle, le fidèle devait patienter jusqu'au coucher du soleil pour prendre son premier et unique repas de la journée (l'islam édictera une règle similaire en instaurant le jeûne diurne du ramadan). Au fil des siècles, la norme s'assouplira : la rupture du jeûne sera autorisée de plus en plus tôt dans la journée et le chrétien pourra manger dès le milieu de la journée.

Ces temps de privation avaient été institués pour purifier l'âme du fidèle : ils leur sont présentés comme des victoires de l'esprit sur la chair, efforts appréciés par le Très-Haut dès lors qu'ils sont accomplis pour Lui et non par orgueil. Si le chrétien doit se priver un temps des plaisirs alimentaires, il doit aussi renoncer aux plaisirs sexuels qui leur sont toujours associés : tous deux sont en effet considérés comme des pulsions « animales » que l'homme doit être capable de maîtriser. A l'instar du ramadan des musulmans, le temps du jeûne s'accompagnera donc d'abstinence sexuelle.

Des jeûnes médiévaux, le plus important est bien entendu celui du carême. A l'origine, il s'étendait sur les 40 jours précédant Pâques. Le terme carême est issu du latin *quadragesima* qui signifie précisément « quarante jours ». Cette durée avait été fixée en référence à celle que le Christ avait passée dans le désert avant de commencer sa mission auprès des hommes. Au carême, s'ajoutent d'autres périodes de jeûne. Celles des *quatre-temps* correspondent au mercredi, vendredi et samedi de la semaine marquant le début de chacune des quatre saisons de l'année. Les veilles des grandes fêtes religieuses – les « vigiles » – sont également jeûnées.

Lors des périodes dites « ordinaires », le vendredi – jour de la mort du Christ – est un jour d'abstinence… sauf s'il correspond à une fête religieuse importante ou s'il se situe entre Pâques et la Pentecôte (au sortir du long et difficile carême, le fidèle a bien mérité quelques assouplissements !). Au cours de ces vendredis « ordinaires », seule la viande est prohibée alors qu'en carême, graisses animales, laitages et œufs le sont également. Différents types de jours maigres existent donc, dont la rigueur est variable.

En réalité, le nombre de ces jours maigres diffère fortement selon les régions, les époques du Moyen Age et aussi selon le statut (clerc ou laïc) et la piété de chaque croyant. *In fine*, les jours maigres dépassent toujours la centaine et peuvent, dans certains cas, s'approcher des deux cents et être ainsi plus nombreux que les jours « gras » !

Les aliments prohibés sont, en tout premier lieu, remplacés par le poisson : sa nature « froide et humide » ne risque pas « d'échauffer les sens » du mangeur et de déclencher « l'incendie de la luxure ». La symbolique religieuse de cet aliment ne pouvait que conforter ce choix… Pour les premiers chrétiens en butte aux persécutions, le dessin du poisson constituait un code secret leur permettant de se reconnaître entre eux ; en effet, en grec, poisson se dit *ichthus*, mot formé par les initiales des termes composant la formule : ***I****êsous **C**hristos **T**heou **U**ios **S**ôtêr* (« Jésus-Christ Fils du Dieu Sauveur »).

D'autres animaux que les poissons peuvent remplacer la viande interdite les jours maigres. C'est le cas du castor : sa queue, parce qu'elle est presque toujours immergée, est rapprochée de la chair des poissons. Dans les régions du nord et de l'est de l'Europe, les moines – dont le régime alimentaire exclut la viande de façon permanente – ne se priveront pas de consommer les queues des castors qui abondent dans les rivières voisines des abbayes.

Les élites sociales doivent elles aussi se soumettrent aux interdits alimentaires imposés par l'église.
BnF, Ms 5072 Res, f° 270v, XVe siècle.
Photo BnF.

Aliments agricoles, aliments sauvages

L'homme soumis à la Nature

A la fin du Moyen Age, l'agriculture occupe encore 85 à 90 % des personnes actives. Le verbe latin *laborare* – qui signifie à la fois labourer et travailler – atteste bien de cette réalité : pour la très grande majorité de la population, le *labeur* se confond avec le *labour*.

La quantité et la diversité des aliments produits dépendent pour beaucoup de la qualité des sols et des conditions climatiques locales, facteurs qui varient considérablement d'un terroir à l'autre. Elles dépendent aussi, bien entendu, de l'efficacité du travail des hommes et des animaux, bœufs et chevaux, qui les assistent. Or, malgré des progrès incontestables au cours de la période, la productivité de la terre et du travail demeure très médiocre : à la fin du XVe siècle, on ne récolte toujours que quelques quintaux de blé par hectare. En effet, le paysan médiéval ne dispose pas des variétés végétales et des races animales « sélectionnées » qu'utilise l'agriculteur d'aujourd'hui, pas plus qu'il ne bénéficie des pesticides et des engrais chimiques. De plus, les outils employés au début du millénaire médiéval sont le plus souvent en bois, matériau peu résistant et peu efficace. C'est pourquoi, tout aléa climatique (froid, gel, trop grande chaleur, sécheresse ou pluies excessives), toute attaque de ravageurs sur les cultures, toute maladie frappant le troupeau peut immédiatement générer des catastrophes alimentaires. Et cela d'autant plus que le mauvais état des routes ne permet pas d'importer rapidement du grain en provenance d'autres contrées, que les réserves de nourriture sont épuisées ou ont été mal conservées, et que la spéculation se déchaîne, entraînant une flambée du prix des céréales qui empêche les plus modestes d'accéder au minimum alimentaire vital.

Page de gauche
Le joug de cornes est une invention du Moyen Age. Il permet aux bœufs de tirer la lourde charrue à soc et à versoir en fer, dont la généralisation constitue une autre innovation majeure de cette période.
Musée Condé de Chantilly, Ms 65, f° 3v, XVe siècle.
Photo RMN, R-G. Ojéda.

La généralisation de la faux contribue à la révolution agricole des XIe-XIIIe siècles.
Bibliothèque de Châteauroux, Ms 2, f° 3. Photo CNRS-IRHT.

Créé au Moyen Age, le collier d'épaules est un système d'attelage destiné au cheval. A la différence des équipements antérieurs qui étaient disposés autour du cou de l'animal, il n'étrangle plus ce dernier et lui permet de tirer les lourdes charrues et charrettes.
BnF, Ms fr 126, f° 7, xv° siècle. Photo BnF.

Malgré tout, de nombreux progrès techniques, réalisés principalement entre le xi° et le xiii° siècle, auront pour effet d'améliorer de façon significative le rendement des cultures. Ces innovations permettront de nourrir davantage de personnes et contribueront à l'expansion démographique, économique, urbaine et culturelle de cette période centrale du Moyen Age.

Du xi° au xiii° siècle : la révolution agricole du Moyen Age

Au cours de ces trois siècles, la métallurgie se développe, permettant aux paysans de disposer d'outils en fer plus efficaces : houes, bêches, serpes, faucilles, socs de charrue, faux... Apparue en Gaule peu de temps avant le début de l'ère chrétienne, la faux ne se généralise vraiment qu'à partir de l'an mil :

les artisans maîtrisent mieux le travail du fer, ce qui diminue le prix de cet instrument de grande taille jusque-là rare et coûteux. La faux est en elle-même un outil révolutionnaire : elle permet de couper, avec une relative rapidité et facilité, une quantité d'herbe bien plus importante qu'on ne pouvait le faire en utilisant la faucille à céréales. Du coup, on peut récolter beaucoup d'herbe en été, la faire sécher pour pouvoir la conserver et la distribuer en hiver aux animaux. Les stocks de foin augmentent, le paysan peut alors élever un troupeau plus important. Les déjections de ces animaux supplémentaires fourniront un précieux fumier qui sera utilisé pour fertiliser davantage de terres, ce qui contribuera à accroître le rendement des cultures. Ainsi, grâce à la faux, un cercle vertueux se trouve enclenché.

Parallèlement, de nouveaux systèmes d'attelage sont utilisés pour les animaux de trait : le *joug de cornes* pour les bœufs et le *collier d'épaules* pour les chevaux, les ânes et les mulets. Nés sur le continent européen au VIIIe siècle, il faudra attendre deux siècles pour qu'ils se répandent largement. Ces équipements n'étranglent plus les animaux comme le faisaient les systèmes antérieurs, disposés sur le cou des bêtes. Surtout, ils augmentent sensiblement la puissance de traction de ces dernières, ce qui leur permet de tirer la lourde charrue qui commence à remplacer l'araire. Ces innovations dans les modes d'attelage permettent ainsi de labourer davantage de terres, de façon plus efficace et en moins de temps. Elles permettent aussi aux animaux de tirer de lourds chargements de fumier, que l'on pourra acheminer jusqu'aux parcelles éloignées afin d'en reconstituer la fertilité. Mais, soumis à rude épreuve, les sabots des chevaux et les ongles des bovins s'usent rapidement. Cet inconvénient sera résolu par une autre innovation : le ferrage avec des fers cloués.

La généralisation de la charrue compte également pour beaucoup dans la révolution agricole du Moyen Age. Cet outil apparaît dès le tout début de l'ère chrétienne dans

Pour les *laboratores*, le labeur est presque toujours synonyme de labour. Environ 90 % de la population vit du travail de la terre.
Bibliothèque municipale de Besançon, Ms 54, f° 1v, XIIIe siècle.
Photo CNRS-IRHT.

Le temps et sa division en quatre saisons auxquelles correspondent des travaux agricoles spécifiques.
BnF, Ms fr 135, f° 327, xve siècle.
Photo BnF.

plusieurs régions du nord et de l'est de l'Europe. Mais son véritable essor date du xiiie siècle où elle remplace l'araire, l'engin tracté traditionnellement utilisé pour le labour. Avec son soc en métal et son « versoir », la charrue fait merveille dans les terres lourdes et humides du nord et de l'ouest de la France. Tirée par un ou plusieurs couples de bœufs ou de chevaux, elle permet d'entailler profondément le sol puis de le retourner, à la différence de l'araire qui, elle, ne pouvait qu'égratigner superficiellement. Or, ce retournement de la terre par la charrue présente, entre autres avantages, celui d'enfouir profondément le fumier, condition de la pleine efficacité de ce fertilisant naturel. L'araire demeure malgré tout utilisée dans les régions méridionales. Il ne faut pas y voir le signe d'une « arriération » des mentalités locales, mais celui d'une nature de sols différente :

dans les terres légères, peu profondes et souvent pentues du Midi, l'araire – instrument léger et moins coûteux que la charrue – représente un outil tout à fait adapté.

Enfin, au XIIIe siècle, se répand dans les régions les plus fertiles du bassin parisien la pratique de l'assolement triennal : on cultive une même parcelle deux années successives sur trois. Auparavant, la terre était laissée en jachère, c'est-à-dire au repos, une année sur deux (jachère biennale) de façon à ce qu'elle puisse reconstituer sa fertilité. Cette innovation permet d'augmenter la surface en culture : celle-ci passe de la moitié d'un territoire agricole aux deux tiers.

C'est l'usage combiné de ces nouveaux instruments de travail et de ces nouvelles techniques qui a permis, à l'issue de ces trois siècles de « révolution agricole », d'augmenter significativement la surface des terres cultivées et d'accroître leur rendement. Les spécialistes considèrent que la productivité moyenne des surfaces semées en céréales a doublé : en jachère biennale, elle est passée à l'hectare de 3 à 6 quintaux « nets » (c'est-à-dire une fois déduits les pertes ainsi que les grains réutilisés comme semences). Ainsi, en année normale, la France pouvait nourrir sans difficulté les 20 millions d'habitants qu'elle comptait à la fin du XIIIe siècle. Mais, à partir du début du siècle suivant, la production agricole commencera à décliner et la population à diminuer sous l'effet conjugué du manque de nourriture, des maladies (de la peste notamment) et des guerres.

Les céréales, base de l'alimentation

Au Moyen Age, toutes les céréales sont désignées par le terme générique de *bleds*. Ce mot ne correspond donc pas au seul blé (ou froment) que nous connaissons aujourd'hui mais englobe également des blés anciens comme l'épeautre et l'amidonnier, ainsi que les céréales dites secondaires : orge, seigle, avoine, millet, sarrasin… Parfois, il s'étend même aux plantes légumineuses (pois, lentilles, fèves, etc.).

Consommées principalement sous forme de pain, mais aussi de galettes et de bouillies, les céréales constituent tout au long du millénaire médiéval la base de l'alimentation des populations européennes. La majeure partie des terres labourées leur est consacrée et cette surface céréalière est augmentée dès que le nombre de bouches à nourrir s'accroît. L'exceptionnel essor démographique que connaît l'Europe occidentale entre le XIe et le XIIIe siècle (la population de la France est multipliée par trois entre 1000 et 1350 !) oblige les paysans à conquérir de nouvelles terres à *bleds* : les pâtures sont retournées, les forêts sont défrichées, les marécages sont assainis, des zones auparavant considérées comme incultes sont labourées. A ce processus d'extension des surfaces semées de céréales on donnera le nom de « céréalisation ».

L'avoine est une des céréales « secondaires », la primauté revenant au froment (notre blé actuel).
BnF, Ms fr 9137, f° 64v. Photo BnF.

Le temps des semailles porte en lui l'espoir d'une récolte abondante.
Bibliothèque municipale d'Aix-en-Provence, Ms 22, Res Ms 2. Photo CNRS-IRHT.

Mais toutes les céréales ne se ressemblent pas : d'une espèce à l'autre, les exigences en termes de type de sols et de climat sont différentes, de même que le rendement que l'on peut en espérer. A une époque où les denrées agricoles voyagent peu, faute de voies de communication et de moyens de conservation efficaces, les conditions naturelles locales déterminent fortement la nature des céréales cultivées, et donc consommées, dans un lieu donné. Ainsi, dans de nombreux terroirs, l'épeautre et le seigle, plus rustiques – ils s'adaptent aux sols ingrats et supportent les périodes de froid – seront cultivés de préférence au froment. Ce dernier est pourtant davantage apprécié par les mangeurs médiévaux, mais il est plus fragile, son rendement est plus aléatoire, et il épuise plus rapidement les éléments nutritifs du sol. En revanche, le seigle craint la chaleur et il sera donc logiquement exclu des régions bordant la Méditerranée, qui lui préfèrent l'orge.

Si le seigle présente d'incontestables atouts, il est aussi à l'origine d'un des fléaux les plus redoutés du Moyen Âge : l'ergotisme, encore appelé « mal des ardents » ou « feu de Saint-Antoine ». La maladie apparaît en France au Xe siècle et, dès le siècle suivant, cause de terribles ravages dans le sud du pays. Les symptômes impressionnent fortement les contemporains : vertiges, délires, sensations de brûlures et fièvre très élevée (d'où les appellations de mal des « ardents » ou faisant référence au « feu »), hallucinations... avec, dans de nombreux cas, la mort au bout de quelques jours. La maladie est d'autant plus redoutée qu'elle semble revêtir un caractère épidémique : tous les habitants d'un même hameau ou village peuvent, en l'espace d'une semaine, être contaminés. Comme c'était le cas pour la plupart des autres maladies de l'époque, l'origine du mal échappait totalement à la compréhension des populations. On sait aujourd'hui que la cause était une mycotoxine, c'est-à-dire une substance toxique produite par un champignon microscopique (l'ergot de seigle) qui parasitait les épis de céréales et, en premier lieu, ceux du seigle.

Le sarrasin est une autre plante dont la culture et la consommation, à la fin du Moyen Âge, sont importantes dans certaines régions aux sols pauvres et acides : Bretagne, Normandie, Limousin, Auvergne... Malgré son appellation de « blé noir », il n'a strictement rien à voir, du point de vue botanique, avec le blé (il appartient à la même famille que l'oseille et la rhubarbe). En revanche, le sarrasin est assimilé aux céréales car ses grains – petits, noirs et triangulaires – sont consommés par l'homme. De nos jours, son emploi est toutefois limité : confection des galettes bretonnes mais aussi des blinis en Europe de l'Est, de polenta noire en Italie ou encore de pâtes au Japon.

Ramassage du seigle, une céréale très appréciée au Moyen Age pour sa rusticité : à la différence du froment, il se contente de sols médiocres et supporte bien le froid.
BnF, NAL 1673, f° 47. Photo BnF.

Dans le Sud-Ouest de la France, le pain des humbles est fabriqué à partir de farine de millet, une céréale dont le nom vient de ses grains petits et qui se comptent par « milliers ».
BnF, Ms latin 9333, f° 61v, xv° siècle.
Photo BnF.

Dans le Sud-Ouest, c'est le millet qui a la faveur des populations locales. Cette culture est particulièrement appréciée pour sa résistance à la sécheresse, la longue durée de conservation de ses grains et sa rapidité de maturation. Le terme de *millet* regroupe en réalité plusieurs espèces de céréales à très petites graines : le mot dérive du latin *millium*, qui signifie « mille » par référence aux très nombreux grains produits par la plante. Au Moyen Age, le millet est largement consommé par les populations de la région de Toulouse et du Languedoc, du Bordelais et des landes de Gascogne, du Béarn et de Bigorre. Cette habitude alimentaire étonne beaucoup les pèlerins venus d'autres contrées et qui traversent la région pour se rendre à Saint-Jacques-de-Compostelle, en Galice. Dans les hôtelleries et auberges où ils s'arrêtent pour se sustenter, on ne leur propose que du « pain de millet » (en réalité des galettes plates car, dépourvu de gluten, le millet n'est pas panifiable). Au Moyen Age, cette particularité alimentaire vaudra aux habitants du Sud-Ouest le surnom de *miliophages*, c'est-à-dire « mangeurs de millet ». Aujourd'hui, en Occident, nous n'utilisons plus cette céréale que pour nourrir les oiseaux en cage ; mais en Asie, et surtout en Afrique (où elle porte le nom de *mil*), elle continue de représenter une composante essentielle de l'alimentation des hommes.

La quantité de travail à fournir est un autre facteur qui distinguait, d'un point de vue pratique, les différents *bleds*. C'est ainsi qu'on opposait les céréales « nues » – représentées par le froment et le seigle – aux céréales « vêtues » :

épeautre, orge, avoine, millet. Le grain de ces dernières présente en effet l'inconvénient d'être revêtu d'une enveloppe fortement adhérente qu'on est contraint d'enlever (de « monder ») avant les opérations de mouture.

Dernier critère de différenciation des céréales, d'une grande importance : l'aptitude à la panification, c'est-à-dire la capacité à produire un pain à la mie bien aérée. De ce point de vue, le froment ne connaît pas de concurrent : en raison de sa forte teneur en gluten, lui seul est capable de produire un pain bien levé et dont la mie présente, de surcroît, une blancheur dont la signification symbolique est très appréciée. C'est ce type de pain que les nobles veulent avoir tous les jours sur leur table, au point que cet aliment devient lui aussi caractéristique du régime alimentaire des élites et qu'il constitue un aliment de « distinction », un « marqueur social ». En effet, à la différence des classes aisées qui ont accès au pain blanc de froment (la céréale « noble »), les petites gens doivent se contenter de pain élaboré à partir d'un mélange de farines dans lequel le froment est souvent minoritaire par rapport au seigle, à l'orge ou à l'avoine.

L'engouement des riches pour le froment est tel que celui-ci voit sa culture s'étendre rapidement à partir du XIe siècle, début des grands défrichements. Il se diffuse plus particulièrement dans le nord de la France où cette céréale trouve des conditions favorables à sa culture : des terres profondes et fertiles, un climat tempéré… Une autre céréale, l'avoine, connaît à la même époque semblable expansion. Mais son statut est bien différent de celui du froment : non panifiable, l'avoine est la céréale des plus démunis, de ceux auxquels la pauvreté interdit l'accès aux autres farines. Au fil des siècles, elle sera de plus en plus « réservée » aux chevaux.

Dans les villes, le boulanger fournit aux riches du pain « blanc » de froment, la céréale « noble ».
BnF, NAL 1673, f° 56, fin XIVe siècle.
Photo BnF.

A lui seul, le pain apporte la plus grande partie des calories de la ration alimentaire des pauvres. Les quantités consommées varient entre 500 g et 1 kg par personne et par jour. BnF, Ms latin 9333, f° 62v, XVe siècle. Photo BnF.

Le pain, l'aliment vital

Le qualificatif n'est pas trop fort : les quantités ingérées chaque jour sont considérables. Du XIIe au XVe siècle, la consommation quotidienne de pain (en dehors des périodes de disette) s'établit au minimum à 400-500 grammes par personne et peut fréquemment dépasser le kilo. Pour les classes pauvres de la société, les autres aliments ne sont que *companaticum* (companage), c'est-à-dire « ce qui est mangé avec le pain ». A lui seul, ce dernier pouvait apporter 80 à 90 % des calories fournies par la ration alimentaire journalière ! Le petit peuple des paysans et des travailleurs urbains mangeait son pain jusqu'à la dernière miette ou, plutôt, jusqu'à la dernière cuillerée de soupe. En effet, la « soupe », rappelons-le, ne désignait pas le liquide fumant et odorant que nous connaissons aujourd'hui, mais la tranche de pain que l'on déposait dans l'écuelle et sur laquelle on versait un bouillon de légumes, plus rarement de viande. De cette habitude alimentaire sont nées les expressions « tremper la soupe » (se mettre à manger) et « être trempé comme une soupe ».

L'importance du pain n'est pas seulement nutritionnelle. Dans la société chrétienne de l'époque, cet aliment revêt une valeur symbolique très forte. Il représente l'une des deux « espèces » de l'Eucharistie : c'est « le corps du Christ », la seconde espèce étant le vin. De très nombreuses expressions, encore employées de nos jours, témoignent de cette importance : « long comme un jour sans pain », « gagner son pain », etc.

Les céréales peu ou pas panifiables sont utilisées pour confectionner des galettes et préparer des bouillies qui contribuent à rassasier les ventres médiévaux. Mais ce sont surtout les peuples étrangers qui sont amateurs de ces préparations, les Français préférant quant à eux le pain. Ainsi, les habitants des îles Britanniques et des contrées d'Europe septentrionale apprécient les bouillies d'avoine, tandis que les populations du nord de l'Italie élaborent une *polenta* de… sorgho : il faudra attendre la découverte du continent américain pour que ce sorgho soit remplacé par une autre céréale, le maïs. Toujours en Italie, un document d'archives de la cathédrale de Gaète daté de 997 mentionne une « fouace » ou galette appelée *pizza* ! S'agissant de l'Italie, on ne saurait oublier les pâtes, élaborées à partir de semoule de blé dur, une céréale dont la culture dans la zone méditerranéenne est fort ancienne. Les pâtes fraîches et farcies étaient déjà consommées dans l'Antiquité, mais les pâtes sèches sont bien une invention du Moyen Age.

Préparation des pâtes alimentaires, à partir de semoule de blé dur.
BnF, NAL 1673, f° 50, fin XIVe siècle.
Photo BnF.

Le battage du seigle au fléau permet de détacher les grains de l'axe de l'épi et de les extraire des enveloppes qui les entourent.
BnF, NAL 1673, f° 47v, fin xivᵉ siècle.
Photo BnF.

De la moisson à la mouture et à la cuisson

Pour le paysan comme pour le citadin, la moisson des céréales représente un moment crucial : la nourriture des prochains mois dépendra pour beaucoup de la quantité de grains récoltés. Or, avant la moisson, ce volume a pu être sérieusement réduit par les aléas climatiques (un printemps « pourri », un hiver trop froid) et par les destructions occasionnées par les hommes (guerres, pillages…) et les animaux sauvages. Tout est donc mis en œuvre pour limiter les pertes supplémentaires susceptibles d'intervenir lors de la récolte. Celle-ci est réalisée à la faucille dentelée : chaque été, nos ancêtres du Moyen Age allaient donc « scier les blés » ! Cet outil est préféré à la faux dont le choc brutal sur les tiges de céréales aurait occasionné des pertes de grains trop importantes. De même, le meilleur moment pour moissonner est le matin : la rosée dont les grains sont encore gorgés leur permet de rester attachés sur la tige.

Après séchage des gerbes sur le champ, intervient l'opération consistant à séparer le grain de ses enveloppes et de l'axe de l'épi auquel il est fixé. Selon les régions, deux techniques sont employées : le battage et le dépiquage. Le battage au fléau articulé – deux bâtons reliés par des courroies – est utilisé dans les régions humides. Ailleurs, on pratique le dépiquage : des animaux, souvent des chevaux, foulent le grain avec leurs sabots. Lorsque la récolte est modeste, on emploie une technique rudimentaire : le chaubage, qui consiste à frapper les gerbes sur une surface dure : mur, planche, rebord de tonneau, etc. Si ce travail prend du temps, il présente aussi l'avantage de pouvoir être réalisé en toute discrétion… ce qui permet de soustraire à l'impôt une partie de la récolte.

Au cours des premiers siècles médiévaux, le paysan moud à domicile les céréales qu'il a cultivées et c'est chez lui qu'il fabrique le pain qu'il consomme. Mais à partir du xiᵉ siè-

Comme les autres céréales, le froment est moissonné à la faucille ; l'emploi de la faux entraînerait des pertes de grains trop importantes.
Bibliothèque municipale de Chaumont, Ms 32, f° 4. Photo CNRS-IRHT.

38   À LA TABLE DES SEIGNEURS, DES MOINES ET DES PAYSANS DU MOYEN ÂGE

cle, l'usage des moulins domestiques est interdit. Sur le territoire dont il est le maître, le seigneur installe ses propres moulins dont il assume les frais de construction et d'entretien. Pour rentabiliser cet investissement, il exige que les céréales récoltées sur son fief soient moulues exclusivement au moulin *banal* et contre paiement d'une redevance. Celle-ci porte le nom de *ban* et, le plus souvent, est acquittée en nature : son montant est proportionnel à la quantité de grains apportés au moulin. La cuisson du pain doit, elle aussi, être réalisée dans le four *banal*. Ce principe de *banalité* donnant au seigneur des « monopoles technologiques » constitue un élément clé de l'organisation féodale.

Les premiers moulins médiévaux étaient constitués de meules mises en mouvement par des animaux ou des humains (on les appelait alors « moulins de sang »). A partir du XIe siècle, les moulins – devenus collectifs – vont être de plus en plus souvent actionnés par la force de l'eau. Plongées dans la rivière et mues par le courant, les pales de la roue entraînent la rotation de la meule. Au fil des siècles, le système gagne en efficacité : les moulins à eau les plus gros permettent de moudre 400 litres de blé à l'heure, ce qui représente un saut technologique très important. A Paris, on les installe sur des barges amarrées aux berges de la Seine mais, à la suite d'une forte inondation, on les réinstalle sur les ponts : pendant longtemps, les ponts de la capitale furent ainsi équipés de dizaines de moulins.

C'est dans les régions sèches, où l'eau est rare en été mais où le vent souffle toute l'année, qu'est née l'idée d'utiliser cette force motrice. Inventés par les Perses, les moulins à vent ne seront utilisés en Europe qu'à partir du XIIe siècle (les croisés les auraient remarqués en Crète et dans les îles grecques). Autre avantage : leur usage permet d'échapper à la redevance exigée par le seigneur. Celui-ci peut se considérer comme propriétaire de l'eau s'écoulant sur son fief, mais pas du vent !

A partir de l'an mil, les moulins à eau colonisent les berges des rivières. Ils permettent de transformer en farine de grandes quantités de grains.

British Library, Londres, Ms Royal 15E VI, f° 4v. Photo British Library.

À LA TABLE DES SEIGNEURS, DES MOINES ET DES PAYSANS DU MOYEN ÂGE

La récolte des épinards.
BnF, Ms latin 9333, f° 24, xvᵉ siècle. Photo BnF.

Légumes, légumes secs et herbes : nourritures de pauvres gens

Si les céréales, et tout particulièrement le pain, constituent l'essentiel de l'alimentation du peuple, les légumes et légumes secs représentent le second pilier d'un régime alimentaire qui, chez les petites gens, présente donc une forte dominante végétale. Les légumes sont divisés en « herbes », « racines » et « bulbes ». Les plus consommés, à la fin du Moyen Age, sont les choux et les poireaux. Viennent ensuite les oignons, les navets, les aulx, les carottes, les panais, les raves, les laitues… ainsi que les gourdes qu'il ne faut pas confondre avec les courges (ces dernières sont encore inconnues en Europe car, comme les citrouilles et les potirons, elles sont d'origine américaine). A l'exception de la salade, tous les légumes sont mangés cuits et souvent sous forme de *porée*, c'est-à-dire hachés grossièrement.

Les légumes croissent dans les jardins accolés aux maisons. Ces potagers ne se trouvent pas seulement à la campagne, mais également en ville. Le nombre des jardins urbains s'élève de façon importante à partir du xiiᵉ siècle et ce sont eux qui approvisionnent les villes en légumes et en fruits. Ils représentent 59 % de la surface de la nouvelle ville de Rennes sise à l'intérieur des remparts du xvᵉ siècle. A Paris, la zone de production légumière s'appelle *Marais*… d'où viendra le mot « maraîcher ». Ces espaces de culture intensive sont souvent irrigués et bénéficient des engrais naturels que constituent les déjections humaines et animales.

L'arrachage des bettes.
BnF, Ms latin 9333, f° 24v, xvᵉ siècle. Photo BnF.

Page de gauche
Les « racines » (carottes, panais…) font partie du quotidien alimentaire du peuple mais elles sont dédaignées par les nobles en raison de leur statut de nourriture du pauvre et de leur lien avec la terre.
Bibliothèque nationale d'Autriche, Vienne, series nova 2644, f° 28r, fin xivᵉ siècle. Photo Archives Alinari, Florence, Dist RMN.

Récolte des pois chiches. Sur le plan nutritionnel, les légumes secs présentent l'avantage d'apporter des acides aminés que l'on ne trouve pas dans les céréales. BnF, Ms latin 9333, f° 47, xv° siècle. Photo BnF.

A la différence des légumes verts, les légumineuses (ou légumes secs) – fèves, lentilles, pois, vesces et gesses – sont cultivées « en plein champ », c'est-à-dire sur de grandes parcelles situées hors du village. Parfois, ces légumes secs sont transformés en farine que l'on mélange à celle de froment pour confectionner des pains, certes moins appréciés mais plus accessibles aux pauvres que ceux de pur froment. Du point de vue nutritionnel, les légumineuses sont intéressantes : elles apportent autant d'énergie que les céréales et, surtout, leur teneur en protéines est bien supérieure ; de plus, ces dernières contiennent des acides aminés complémentaires de ceux apportés par le blé, le seigle ou l'orge.

La dolique (encore appelée dolique mongette) est une légumineuse aujourd'hui oubliée mais qui était très répandue en France dès le début du Moyen Age. Originaire du continent africain (c'est l'actuel *niébé* des Sénégalais), la dolique ressemble au haricot... mais ce dernier provient d'Amérique et était donc totalement inconnu à l'époque médiévale. Après son introduction en Europe, le haricot américain prendra la place de la dolique à laquelle il « volera » également son nom latin : *Phaseolus* (que l'on retrouve, déformé, dans « fayot »).

Comme le haricot et les courges dont nous avons déjà parlé, d'autres légumes « américains » – et pas des moindres – sont totalement absents du répertoire alimentaire des hommes du Moyen Age : la pomme de terre, le maïs, la tomate, les poivrons et les piments,

Cueillette de la rue, une plante à laquelle les hommes du Moyen Age attribuent de nombreuses vertus médicinales et magiques.
BnF, NAL 1673, f° 32, xv° siècle. Photo BnF.

Au Moyen Age, on cultive les gourdes… à ne pas confondre avec les courges. D'origine américaine, ces dernières ne seront découvertes qu'à la Renaissance.
BnF, NAL 1673, f° 32v, xvᵉ siècle.
Photo BnF.

le topinambour… ne débarqueront sur l'Ancien Continent qu'au début du XVIᵉ siècle (mais il faudra attendre encore près de trois siècles pour que les Français acceptent enfin de consommer tomates et pommes de terre !).

Enfin, de nombreuses « herbes », cultivées ou sauvages, font également partie de l'alimentation populaire. Parmi elles figurent des plantes aromatiques que nous connaissons bien comme la sauge et le persil (ce sont les plus employées au Moyen Age), la menthe, la sarriette, la coriandre, le fenouil… mais aussi des plantes que nous ne consommons plus du tout : l'ortie, l'asperge sauvage, l'ache (céleri sauvage), la tanaisie, l'hysope, l'herbe-aux-chats, le maceron, l'arroche, la mauve, la rue ou encore l'aurone, également appelée « arquebuse » en raison de son efficacité à soigner les brûlures de poudre.

Auellaines   Cezafa   Fraxin

44 À LA TABLE DES SEIGNEURS, DES MOINES ET DES PAYSANS DU MOYEN ÂGE

Des fruits cultivés mais aussi sauvages

De l'époque gallo-romaine, le Moyen Age a hérité la culture de nombreux arbres produisant des fruits consommables par l'homme : pommiers et poiriers, merisiers et cerisiers, pruniers et cognassiers, châtaigniers et noyers… et, dans les régions les plus méridionales, amandiers et oliviers, pêchers et abricotiers, ainsi que figuiers et vigne. En revanche, les cultures d'agrumes sont très marginales : l'oranger, qui produit des oranges douces, n'est planté en Provence qu'à partir du XVe siècle. Mais les élites sociales pouvaient déjà consommer des citrons et des oranges amères (ou bigarades) importés d'Italie ou d'Espagne.

L'homme médiéval a également su tirer parti des nombreux fruits sauvages que lui offraient forêts, taillis, landes et friches : fruits secs (noix, noisettes, châtaignes, pignons de pin), baies de sureau et fruits de l'églantier, mûres de roncier et prunelles, cormes (encore appelées sorbes, fruits du sorbier), alises (fruits de l'alisier) et nèfles, groseilles et framboises, sans oublier les fraises des bois. A ce propos, rappelons que les fraises de culture dont nous nous régalons aujourd'hui n'existent pas au Moyen Age. C'est seulement au XVIIIe siècle que des variétés à gros fruits blancs seront rapportées du Chili par un explorateur au nom prédestiné : Amédée François Frézier (les premiers plants furent cultivés dans la presqu'île de Plougastel, en Bretagne).

Page de gauche
Les fruits sauvages tels que les merises (au centre) et les noisettes (à gauche) contribuent à assurer la subsistance des plus pauvres.
BnF, Ms fr 12322, f° 187, XVe siècle.
Photo BnF.

A la différence des autres fruits, qui étaient systématiquement mangés au début du repas, les poires sont consommées après tous les autres mets : elles ont en effet la réputation de « fermer l'estomac ».
BnF, Ms fr 9140, f° 361, XVe siècle.
Photo BnF.

La « chair », aliment symbolique des puissants

Au Moyen Age, le mot « viande » désigne l'ensemble des aliments, quelle qu'en soit la nature : chair des quadrupèdes, des volatiles et des poissons, lait et produits laitiers, œufs, céréales, légumes et légumes secs, fruits, herbes, etc. Le terme vient du latin populaire *vivenda* qui signifie « tout ce qui est nécessaire à la vie ». L'un des plus prestigieux livres de recettes du Moyen Age est intitulé *Le Viandier*, et il ne traite pas, loin s'en faut, des seuls mets à base de viande ! Ce que nous appelons aujourd'hui « viande » est, à l'époque médiévale, désigné par le mot « chair ».

Contrairement à ce que l'on croit souvent, la viande n'est pas un aliment que seuls les seigneurs ont pu manger et dont les gens du peuple ont été presque toujours privés. En réalité, les paysans et les travailleurs des villes ont consommé beaucoup plus de viande au Moyen Age que dans les siècles qui ont suivi. Aux XIVe et XVe siècles, la forte chute

La viande est le symbole de la force et, pour cette raison, elle est considérée comme l'aliment qui convient aux « puissants », c'est-à-dire aux membres de la noblesse.
Archives de l'Abbaye de Montecassino, Ms de Raban Maur (v. 780-856), f° 350.
Photo Dagli Orti.

de la population a eu pour conséquence un recul des terres labourées et, corrélativement, une extension des prairies naturelles, des forêts et des landes, espaces permettant l'élevage ou la chasse. Les deux derniers siècles du millénaire médiéval ont donc été particulièrement « carnassiers » : des documents attestent d'une consommation d'au moins 200 grammes par jour (gras) chez les ouvriers, artisans, domestiques ou collégiens de nombreuses villes.

Perçue comme une source de puissance et de force, la viande est, symboliquement, l'aliment des seigneurs. Le gibier est particulièrement prisé, et son attrait est étroitement lié à la chasse, activité qui jouit d'un très grand prestige au sein des milieux aristocratiques. Forêts, taillis et landes approvisionnent donc régulièrement la table des seigneurs en cerfs, chevreuils et sangliers, mais aussi en gibiers de petite taille comme les lièvres et les lapins.

La viande n'est pas réservée aux seuls riches. Dans les deux derniers siècles du Moyen Age, les pauvres ont pu, eux aussi, consommer d'importantes quantités de « chair ».
BnF, Ms latin 9333, f° 75, xv° siècle.
Photo BnF.

ALIMENTS AGRICOLES, ALIMENTS SAUVAGES 47

**Les volailles de basse-cour sont très appréciées par les nobles : ils jugent leur chair « peu nourrissante »
tout à fait adaptée à leur estomac délicat de riches « oisifs ».** BnF, Ms latin 9333, f° 65, xv° siècle. Photo BnF.

L'attrait de la noblesse pour les volailles de basse-cour et le gibier à plume, en particulier pour les grands échassiers, est très marqué. La liste des volatiles consommés au Moyen Age est longue. Y figurent les différentes *poulailles* (c'est-à-dire volailles) que sont les poussins, les poulets et les chapons (poulets castrés), les coqs et les poules, les gélines, les canards, les pigeons ainsi que les oies que vendent, dans les villes, les memb- res de la confrérie des *oyers*. On y trouve aussi bécasses, pluviers et des « menus oiseaux » – cailles, alouettes, grives – particulièrement recommandés aux personnes affaiblies. L'inventaire fait également état d'espèces qui ne figurent plus du tout sur nos tables actuelles mais étaient présentes sur celles des élites médiévales : cygnes, hérons, paons, grues, cigognes, butors étoilés, cormorans...

Les oies connaissent un franc succès. Importée d'Amérique au XVIe siècle, la « poule d'Inde » (la dinde) lui volera la vedette, en particulier lors du repas de Noël. BnF, Ms latin 9333, f° 64, XVe siècle. Photo BnF.

Cette fascination pour les grands volatiles durera jusqu'à la fin du Moyen Age. En 1453, le duc Philippe le Bon offre ainsi un grand festin au cours duquel un héron est lâché dans la salle suivi d'un faucon chargé de le tuer ! Un tel spectacle manifeste l'engouement des élites pour ces grands oiseaux qui, à leur image, occupent une position « élevée » dans la hiérarchie des créatures de Dieu. L'épisode illustre également l'emploi fréquent des oiseaux de proie tels que les faucons et les éperviers pour la chasse au vol, une chasse noble et élégante, à laquelle les femmes peuvent participer.

Si les nobles parent la viande de toutes les vertus, les théologiens regardent avec méfiance cet aliment dont la consommation excessive risque, selon eux, d'échauffer le mangeur et de le conduire à la luxure.

L'agneau, viande jeune et tendre, est beaucoup plus apprécié par les élites médiévales que la viande de bœuf. Provenant d'un animal rustique abattu à un âge avancé, cette dernière est « abandonnée » aux classes populaires. BnF, Ms fr 22971, f° 38, xv° siècle. Photo BnF.

La chute des glands en automne, ou « glandée », procure une nourriture de choix aux troupeaux de porcs qui parcourent les forêts de chênes.
Bibliothèque de Châteauroux, Ms 2, f° 6. Photo CNRS-IRHT.

Comme nous l'avons déjà indiqué, la quantité ainsi que le type de viande consommée diffèrent selon la catégorie sociale. Les habitants des campagnes privilégient le bœuf et les salaisons, tandis que les seigneurs consomment, outre le gibier, les volailles, l'agneau, le veau et la viande fraîche des porcs. Contrairement à ce qu'on serait tenté de penser, ce sont les nobles et non les paysans qui sont les plus gros consommateurs de viande de porc. Dans de nombreuses régions, ces animaux sont lâchés dans les forêts au début de l'automne, au moment de la glandée. En certains endroits, ils y séjournent même en permanence. Cette pratique de « libre pacage » explique qu'au cours du haut Moyen Age l'unité de mesure de la surface d'un bois est le « porc » : elle correspond à l'étendue permettant de nourrir un de ces animaux pendant une année.

Mais, globalement, c'est le bœuf, et non le porc ou le gibier, qui est la viande la plus consommée au Moyen Age, comme en attestent les fouilles archéologiques (dans les deux derniers siècles médiévaux, le recul des terres cultivées au profit de la forêt favorisera cependant l'accroissement du cheptel porcin). Mais cette consommation de bœuf est principalement le fait des *laboratores*. Ce type de viande souffre en effet d'une mauvaise réputation parmi les couches aisées de la société : elle est jugée bien trop « grossière » pour l'estomac « délicat » des *bellatores*. Il est vrai que bœufs et vaches étaient abattus à un âge avancé et leur viande ne devait certainement pas être des plus tendres ! Dans les régions proches de la Méditerranée, le bœuf est toutefois moins présent : ce sont les ovins et les caprins qui fournissent une part importante de l'alimentation carnée des populations.

ALIMENTS AGRICOLES, ALIMENTS SAUVAGES

La pêche en mer est une activité économique de première importance. Les jours où l'Eglise prohibe la consommation de viande mais plébiscite celle du poisson sont en effet très nombreux (jusqu'à 200 jours par an).
Eglise de Saint-Martin de Zillis, Suisse, Ms (v. 1150).
Photo Dagli Orti.

Le poisson, nourriture des jours maigres

A partir du XIIe et jusqu'au XVIe siècle, la consommation de poissons de mer – harengs, morues, merlus, saumons – s'accroît régulièrement au détriment de celle des poissons d'eau douce (perches, carpes, anguilles, brochets) qui peuplent les rivières et les lacs, ainsi que les étangs et les viviers créés par l'homme. En effet, les centres urbains éloignés des côtes ont organisé des circuits de ravitaillement en poissons marins de façon à pallier une éventuelle rupture de leur approvisionnement en poissons d'eau douce. Compte tenu du nombre élevé de jours maigres, l'investissement en valait la peine ! En effet, lors de ces journées où la viande est proscrite par l'Eglise, toutes les couches de la société médiévale consomment du poisson. Pour conserver et pour transporter sur des centaines de kilomètres cet aliment très périssable, on a recours au séchage (à l'air libre et au soleil quand le climat le permet), souvent remplacé dans le cas des poissons gras comme le hareng, par le salage et le fumage.

Le hareng – ce « bled de la mer » comme on l'a surnommé – a représenté, pour les gens du Moyen Age, une inépuisable ressource alimentaire pendant les jours d'abstinence. Peuplant les mers froides du nord de l'Europe, cette espèce se déplace en bancs constitués par des milliards de poissons étroitement serrés les uns contre les autres. Cette multitude compacte est à l'image d'une troupe innombrable en mouvement : le mot « hareng » dérive du germanique *Heer* qui signifie précisément « armée ». Pêchés près des côtes qu'ils longent au printemps, les harengs sont rapidement débarqués pour être salés (harengs blancs) ou exposés à la fumée de chêne ou de hêtre (harengs *saurs*). Ce fumage permet de conserver pendant plusieurs mois une chair particulièrement fragile. Mais ces techniques de conservation ne parviennent pas à satisfaire une demande toujours croissante. Il faudra attendre pour cela la mise au point, vers 1350, d'un procédé innovant attribué à un patron pêcheur hollandais : la préparation des harengs « caqués » qui permet de porter à une année la « date limite de consommation ». Le « caquage » consiste à préparer le hareng à bord des bateaux, ce qui permet d'aller le pêcher en haute mer en évitant de longs et coûteux allers-retours vers la terre ferme. Aussitôt pêchés, les poissons sont vidés de leurs viscères puis tassés dans des tonneaux en alternance avec des couches de sel. La saumure qui se forme et dans laquelle baignent les poissons les protège de toute contamination bactérienne ; elle présente en outre l'avantage de moins les dessécher.

Rappelons à ce propos l'importance capitale du sel, ingrédient très largement utilisé pour la conservation des poissons mais aussi de la viande, des légumes, des fromages…

Cette pêche à la lamproie illustre la participation des eaux douces à l'approvisionnement en poissons des tables médiévales.
BnF, Ms latin 9333, f° 82, XVᵉ siècle. Photo BnF.

A l'époque médiévale, marais salants de l'Atlantique, salins de Provence, puits salés de Franche-Comté et mines de sel gemme sont intensivement exploités, tout comme le sont les acheteurs « captifs » de cette denrée vitale. Le sel devient en effet le support d'un impôt particulièrement injuste – la fameuse gabelle – qui pèsera lourdement sur le tiers état tout au long de l'Ancien Régime. Bien loin est le temps où le sel était remis aux soldats romains en guise de rémunération, avant d'être remplacé par une somme d'argent à laquelle fut donné le nom de *salarium* (d'où le mot salaire). Au Moyen Age, cette *solde* sera versée en *sols,* et les militaires qui la percevront deviendront des… *soldats*.

Le perfectionnement des procédés de conservation du poisson, comme le « caquage » du hareng, permet d'en accroître la consommation par les populations médiévales. BnF, Ms latin 9333, f° 80v, xve siècle. Photo BnF.

Mais revenons à nos poissons. Bien d'autres espèces que le hareng font l'objet d'une pêche intensive au cours du Moyen Age et sont soumis à différents procédés de conservation. C'est le cas de la morue qui, lorsqu'elle est séchée, est rebaptisée *stockfish* car elle est alors devenue aussi dure que le bois (*stoc* en néerlandais). Rédigé au xive siècle, le livre de recettes intitulé *Le Mesnagier de Paris* en fait état : « Quand icelle morue l'en veut garder dix ou douze ans […], [elle] est seichée à l'air et au soleil ; et ce fait, elle est nommée stofix. Et quant l'en l'a veult mengier, il la convient batre d'un maillet de bois bien une heure. »

On peut également citer les merlus, pêchés au large du cap Sizun, à la pointe de la Bretagne. La période de capture ne s'étend que sur les mois de printemps et, du coup, chaque jour compte. Fort heureusement, le pape s'est laissé convaincre d'autoriser les pêcheurs de la région à travailler le dimanche ! Après séchage pendant plusieurs semaines, ces merlus bretons sont prêts à être commercialisés jusque dans le sud-ouest du pays. De leur côté, les ports provençaux puisent dans la Méditerranée de quoi exporter du thon salé, des barils d'anchois, des tonneaux de sardines...

Evoquons pour terminer les abondantes richesses alimentaires tirées d'un animal marin... qui n'est pas un poisson : la baleine. Au Moyen Age, sa forte densité dans les eaux du golfe de Gascogne fait la fortune des ports de la côte basque, entre autres celle de Biarritz dont les armoiries se « blasonnent » (se décrivent) de la façon suivante : « D'azur à la barque montée par cinq hommes, dont l'un s'apprête à harponner une baleine qui plonge dans les flots. » En septembre, l'observation des panaches de vapeur expulsés par les évents des cétacés annonçait leur arrivée. Aussitôt, rameurs et harponneurs mettaient les barques à l'eau : la capture d'une baleine était en effet la garantie de tonnes de viande, mais aussi de graisse et de lard (le craspois). Le meilleur morceau était, selon de nombreux témoignages, la langue de l'animal.

L'importance attribuée au sel résulte avant tout de sa capacité à conserver la plupart des aliments. BnF, NAL 1673, f° 66v, fin XIVe siècle. Photo BnF.

Abondantes dans le golfe de Gascogne, les baleines constituent une manne nourricière pour les habitants de la côte basque. BnF, Ms fr 1309, f° 37, XVe siècle. Photo BnF.

ALIMENTS AGRICOLES, ALIMENTS SAUVAGES   55

Chez les élites sociales du Moyen Age, le lait n'a pas bonne réputation : c'est l'aliment de l'enfant, un être « dépendant » et dépourvu de force physique.

Bibliothèque Ajuda de Lisbonne, Ms *Traité de Médecine* d'Aldebrande de Florence, f° 51, XIVe siècle. Photo Dagli Orti.

Lait, beurre, fromages…

Dans la France médiévale, la production et la consommation de lait sont très localisées. Cet aliment est largement consommé sous sa forme liquide dans les régions du quart nord-ouest de la France – Bretagne, Normandie, Flandre maritime. Le climat humide et frais de ces contrées y favorise la pousse de l'herbe, permettant l'élevage des bovins et une production de lait relativement abondante. En revanche, les autres régions – en particulier la Provence et le Languedoc – produisent peu de lait de vache. Ce sont les chèvres et les brebis qui dominent : ces ruminants sont en effet bien moins exigeants que les vaches en ce qui concerne la quantité et la qualité des fourrages dont ils se nourrissent ; ils sont donc mieux adaptés aux espaces où l'herbe est maigre et peu nutritive en raison d'un climat chaud et sec et de sols peu fertiles. De surcroît, dans les régions méridionales où les journées d'été peuvent être très chaudes, le lait ne peut être conservé longtemps en l'état. Pour limiter les risques de prolifération microbienne, il faut le transformer rapidement en fromage. Ou, plutôt, en *formage* comme on disait tout au long du Moyen Age. Le mot vient du latin *forma* qui désignait la « forme », c'est-à-dire le récipient (souvent une boîte de bois) dans lequel était moulé le caillé. Aux pays fromagers s'opposent donc les pays « laitiers » et « beurriers », ces derniers étant, à l'image de la Bretagne d'alors, de véritables « déserts fromagers ».

Mais en dehors du petit nombre de régions où il fait partie de l'alimentation courante des populations modestes, le lait est globalement très peu consommé dans la France médiévale. Cette situation ne s'explique pas seulement par les conditions géographiques et les habitudes alimentaires locales. Elle résulte aussi des représentations négatives qui ont été associées au lait tout au long du Moyen Age. Cet aliment faisait en effet l'objet d'un certain mépris de la part des couches sociales aisées. En premier lieu, sa consommation quotidienne était perçue – à l'instar de celle des légumes – comme une marque de pauvreté et, plus encore, comme le signe du caractère « arriéré » des populations qui en buvaient beaucoup. Jusqu'au XVIIIe siècle, le lait se verra ainsi attribuer le statut

« d'aliment du paysan, du valet et de l'enfant ». Le rapprochement est révélateur : à l'image du nourrisson dépourvu de toute autonomie, l'adulte buveur de lait est décrit comme « incapable de se gouverner seul ».

Une deuxième raison vient renforcer cet *a priori* négatif : les médecins médiévaux se méfient beaucoup du lait qu'ils accusent d'affaiblir les adultes sains, de ronger les dents et d'occasionner des caries, voire de provoquer la lèpre. Ils déconseillent donc à leurs riches patients d'en consommer. A leurs yeux, cet aliment n'est indispensable qu'aux nouveau-nés et aux jeunes enfants. Cependant, certains membres de la Faculté le préconisent également aux vieillards affaiblis. Cette prescription repose sur la croyance selon laquelle, par association des contraires, les aliments « chauds » et « humides » (c'est le cas du lait) seraient bénéfiques aux personnes « froides » et « sèches » que sont les individus âgés. Le traitement est réputé encore plus efficace si le vieillard tète directement le lait à même le sein d'une femme ! Cette forte réticence des médecins vis-à-vis du lait a peut-être sa source dans l'origine géographique des pères fondateurs de la médecine médiévale. Pour le Grec Hippocrate, le Romain Galien et les Perses Avicenne et Rhazès, le lait était un breuvage potentiellement dangereux : le climat chaud des régions dans lesquelles ces médecins exerçaient leur art constituait, il est vrai, un facteur important de contamination microbienne du lait.

C'est donc essentiellement sous la forme de fromages secs de brebis et de chèvre qu'au Moyen Age le lait est consommé dans les régions méridionales. Mais bien d'autres zones fabriquent elles aussi des fromages, surtout de vache : c'est notamment le cas des pays de montagne et des régions du nord-est et de l'est du pays. La production laitière y étant faible en hiver, la transformation en fromage permet de « manger » du lait toute l'année. A partir du XIIe siècle, les paysans du Jura s'organisent en coopératives villageoises —

Cet homme transportant du lait caillé nous rappelle que cet aliment est couramment consommé par les classes modestes des régions de l'ouest du pays.
BnF, Ms latin 9333, f° 59v, XVe siècle. Photo BnF.

Le mot « fromage » vient du récipient dans lequel était moulé le caillé. En latin, ce contenant qui donnait au fromage sa forme portait le nom de « *forma* ».
BnF, Ms latin 9333, f° 58, XVe siècle. Photo BnF.

ALIMENTS AGRICOLES, ALIMENTS SAUVAGES

Préparation du fromage blanc.
Bibliothèque nationale d'Autriche, Vienne, series nova 2644, Codex Vindobonensis, fin XIVe siècle. Photo Archives Alinari, Florence, Dist RMN.

les fameuses *fruitières*, qui existent toujours – pour mettre en commun le produit (le « fruit ») de leurs traites quotidiennes et fabriquer d'énormes meules de comté.

Dès le haut Moyen Âge, certaines abbayes se spécialisent dans la fabrication à grande échelle de fromages « du terroir ». Certains fleurons de notre actuel patrimoine fromager étaient donc déjà consommés il y a largement plus de mille ans ! C'est par exemple le cas du roquefort. Dans sa *Vita Karoli* (« Vie de Charlemagne »), le moine Eginhard rapporte que l'empereur d'Occident, de passage dans la région d'Albi, s'est vu offrir un fromage fabriqué dans un monastère voisin. D'après son biographe, Charlemagne aurait goûté avec méfiance la pâte couverte de moisissures peu engageantes. Il s'en serait tellement régalé que, chaque année, il en aurait passé commande pour son palais d'Aix-la-Chapelle. L'empereur aurait également succombé aux délices du fromage de Brie. Deux siècles plus tard, les moines de l'abbaye de Maroilles, située près de l'actuelle frontière belge, créent le fromage éponyme qui, dit-on, était très apprécié des rois Philippe Auguste, Saint Louis ou encore Charles VI.

Les matières grasses

Dans les régions qui produisent et consomment beaucoup de lait, le beurre est largement utilisé. Mais partout ailleurs cette matière grasse cède la place aux huiles végétales ou à d'autres graisses animales comme le lard et le saindoux. Dans le *Livre de la description des pays* qu'il rédige au milieu du XVe siècle, le Berrichon Gilles Le Bouvier note que les Bretons « font moult de beurre qu'ils vendent aux pays étrangers et mangent en Carême faute d'huile ». Mais cette consommation de beurre en carême n'est autorisée que depuis peu : pendant presque tout le Moyen Age, les graisses animales ont été strictement interdites lors des jours de jeûne. Ainsi, ce n'est que tout à la fin du XVe siècle que les habitants de Rouen purent enfin, comme les Bretons, manger du beurre en carême. En contrepartie de cette dispense accordée par les autorités religieuses locales, les Rouennais durent mettre la main à la poche pour financer l'édification de la « tour de Beurre », magnifique exemple de gothique flamboyant accolé à la cathédrale de la cité normande.

En dehors de ces pays de beurre, c'est l'huile qui représente la matière grasse dominante : huile d'olive dans les contrées proches de la Méditerranée et, là où l'olivier ne pousse pas, huile de noix, de lin ou d'œillette (une variété de pavot, très cultivée dans les Flandres). On consomme aussi de l'huile de navette et de cameline (deux plantes de la même famille botanique que le colza) ainsi que de l'huile de chènevis : le mot, qui évoque pour nous les « graines pour oiseaux », désigne la graine du *Cannabis sativa* ou chanvre indien.

A l'image de ce que nous avons vu à propos du lait, le type de matière grasse consommée n'est pas uniquement déterminé par les contraintes naturelles (climat, sols, relief…).

Pour conserver le beurre plus longtemps, on l'enveloppe dans une feuille de chou.
BnF, NAL 6593, f° 52v, XVe siècle. Photo BnF.

Parce qu'il est, à l'image de la viande, d'origine animale, le beurre n'est pas autorisé par l'Eglise pendant les quarante jours du Carême.
BnF, Ms latin 9333, f° 59, XVe siècle. Photo BnF.

Il peut aussi constituer un signe de distinction sociale. Ainsi, dans les régions côtières de la Manche et de la mer du Nord « naturellement » vouées au beurre, certains aristocrates ne veulent entendre parler que de la prestigieuse et coûteuse huile d'olive qu'ils font venir de Provence ou du Languedoc, voire même de la péninsule Ibérique ou de l'Italie. Dans ce dernier pays, certaines familles nobles agrémentent leurs pâtes avec… du beurre, pour se distinguer du peuple vulgaire qui, lui, les accompagne d'un filet d'huile d'olive.

La cueillette des olives est la première étape de la fabrication d'une huile qui constitue la matière grasse la plus utilisée dans les régions méridionales. BnF, Ms latin 9333, f° 13v, XVe siècle. Photo BnF.

Nombreux au Moyen Age, les ours convoitent tout autant que les hommes le miel. Sa saveur « douce » est bien plus accessible que celle du sucre de canne, qui demeure rare et cher. BnF, Ms fr 1877, f° 21v. Photo BnF.

Le miel et le sucre

Nos ancêtres n'ont pas attendu le Moyen Age pour rechercher le miel avec avidité. Dès l'origine, les représentants du genre *Homo* ont convoité « ce doux présent des cieux », ainsi que l'appelle l'auteur latin Virgile. Le miel représente en effet la seule source naturelle (avec la pulpe ou le jus de certains fruits) de cette délicieuse saveur sucrée vis-à-vis de laquelle les hommes éprouvent, depuis toujours et de façon universelle, une attirance innée.

L'importance que revêtaient les abeilles pour les gens du Moyen Age explique le montant, incroyablement élevé à nos yeux, de l'amende dont devait s'acquitter celui qui avait volé ou détruit un essaim. Le prix à payer en réparation d'un tel forfait se comptait en milliers de deniers, soit autant que pour le vol d'un taureau ! Bien conscients du profit qu'ils pouvaient tirer de la convoitise que suscitaient ces modestes insectes, les seigneurs n'ont pas hésité à fournir des ruches

Outre le précieux miel, l'élevage des abeilles procure une autre richesse : la cire, qui servira à fabriquer les cierges liturgiques.
BnF, Ms latin 9333, f° 91v, xve siècle.
Photo BnF.

aux paysans de leur fief. Ils leur confièrent le soin d'exploiter les essaims, en n'oubliant pas, bien entendu, de prélever une taxe sur la récolte de miel obtenue chaque année.

Le sucre, quant à lui, demeure une denrée rare et par conséquent coûteuse jusqu'à la fin du Moyen Age. Si la canne à sucre commence à être cultivée il y a environ 3000 ans en Nouvelle-Guinée, ce sont les habitants du sous-continent indien qui mettent au point les premières techniques d'extraction du jus de canne et de cristallisation du sucre. A ce dernier, ils donnent le nom de *sarkara*. De ce terme sanscrit dérivent notre mot *sucre* ainsi que l'anglais *sugar* et l'allemand *zucker*, l'espagnol *azúcar* et l'italien *zucchero*, mais aussi l'arabe *sukkhar* et le turc *seker*. Mais c'est en Perse que les Arabes musulmans découvrent la culture du « roseau qui donne le miel sans le concours des abeilles ». Ils l'implantent dès le IXe siècle en Andalousie, en Sicile et dans d'autres îles de la Méditerranée (Crète, Chypre, Malte). Cependant, les surfaces cultivées sont peu étendues et l'essentiel du sucre consommé par les Occidentaux continue d'être importé d'Orient à prix fort. C'est pour cela que, dans un premier temps, on en réserve l'usage à la sphère médicale : le sucre est plus particulièrement employé pour redonner de la vigueur aux convalescents encore affaiblis. En France, son introduction dans les plats destinés aux bien portants ne date que du XVe siècle, alors que dans les pays voisins (Angleterre, Italie, Portugal) le sucre a déjà acquis le statut d'aliment à part entière. Mais, à la fin du Moyen Age, les Français se laissent eux aussi séduire par la « douceur » du sucre, attrait qui ne cesse ensuite d'augmenter pour culminer à la Renaissance.

Face à cette montée en puissance de la demande, la production s'organise. Dans un premier temps, la Sicile suffit à approvisionner le continent européen. Elle développe ses plantations de canne et construit ses premiers moulins à sucre vers 1350. Puis, les cultures de canne et les installations d'extraction gagnent la plaine irriguée de Valence, dans la péninsule Ibérique. Celle-ci devient alors la première région sucrière d'Europe jusqu'à ce que cette suprématie disparaisse au profit d'autres zones encore plus rentables : les îles Canaries (espagnoles) ainsi que les Açores et Madère (portugaises).

Ce n'est qu'à la fin de la période médiévale que le sucre commence à être utilisé en cuisine. Auparavant, sa rareté le réservait aux malades.
BnF, Ms latin 9333, f° 89, XVe siècle.
Photo BnF.

La taille de la vigne est une activité que pratiquent aussi les moines, et pas seulement pour les nécessités du culte. En effet, la règle de saint Benoît permet aux oratores d'en consommer… mais avec modération. BnF, Ms latin 12834, f° 40. Photo BnF.

Le vin et ses concurrents locaux : cervoise, bière, cidre…

Quel que soit son statut social, l'homme médiéval consomme beaucoup de vin, particulièrement dans les régions qui en produisent. On estime à un litre par jour minimum, et plus souvent un litre et demi à deux litres, la consommation moyenne par habitant, c'est-à-dire en comptant les femmes et les enfants. Certes, en raison de procédés de vinification peu élaborés, ce breuvage était moins alcoolisé que celui que nous buvons de nos jours (entre 7 et 10 degrés probablement). Pour autant, nombreux étaient ceux qui en consommaient sans modération, y compris (et peut être surtout) chez les « puissants » : ce fut, entre autres, le cas de Philippe Auguste, de Jean sans Terre ou encore du duc de Bourgogne Charles le Téméraire qui, dit-on, était ivre un jour sur deux !

Ce sont les Grecs, et non les Romains comme on le dit souvent, qui ont introduit la vigne en Gaule. Mais les agronomes transalpins ont joué un rôle capital dans l'extension du vignoble et l'amélioration de la qualité du vin produit : ils ont identifié avec précision les conditions naturelles (climat, type de sol, exposition, pente) qui convenaient le mieux à cette culture. Cela n'a pas empêché les hommes du Moyen Age de planter des ceps dans les régions les plus improbables : au XIIe siècle, on trouvait la vigne en Angleterre et même en Ecosse, ainsi que dans les régions de Lille et de Bruxelles. Il est vrai que « l'optimum climatique » (températures moyennes plus élevées, moindre pluviométrie) qui commence aux alentours de l'an mil pour s'achever deux à trois siècles plus tard a favorisé cette extension géographique du vignoble.

Au Moyen Age, la vigne s'étend jusqu'à la frontière nord de la France, et même bien au-delà.
Bibliothèque municipale de Besançon, Ms 551, f° 22v, XIIIe siècle. Photo CNRS-IRHT.

Le foulage du vin avec les pieds est un procédé rudimentaire pour extraire la pulpe et le jus du grain de raisin. Il sera peu à peu remplacé par l'emploi de fouloirs mécaniques et de pressoirs à vis.
Bibliothèque municipale de Châteauroux, Ms 2, f° 5.
Photo CNRS-IRHT.

de l'Eucharistie, le pain étant la première. Il fallait donc bien remplir de vin le calice du prêtre. Mais, pour cela, quelques arpents de vigne auraient suffi : en effet, les laïcs ne communiaient déjà plus qu'avec le pain, seuls les membres du clergé continuant à boire « le sang du Christ ». En réalité, les importantes surfaces en vigne enregistrées dans le nord de la France et en Europe septentrionale répondaient surtout à la volonté de consommer une boisson fermentée jugée plus prestigieuse que la bière, le cidre ou le poiré. De plus, le désir de boire « son » vin incitait le bourgeois aisé (l'habitant du bourg) à acquérir dans la cité ou aux portes de celle-ci un terrain planté de vignes. Cette demande élevée stimulait l'offre, c'est-à-dire la plantation de nouveaux ceps. Enfin, une autre raison, d'ordre sanitaire, a certainement joué : le vin était fréquemment ajouté à l'eau de boisson en

Mais les paysans s'obstinent à planter des vignes sous des climats et dans des terres qui restent, malgré tout, peu adaptés à cette culture. Pour l'expliquer, de nombreux auteurs ont fait valoir les nécessités du culte chrétien : le vin, bu par Jésus et ses apôtres lors de la Cène, est en effet la seconde « espèce »

La mise du vin en carafe précède sa consommation : au Moyen Age, celle-ci s'établit entre un litre et demi et deux litres par personne et par jour… et il ne s'agit que d'une moyenne prenant en compte hommes et femmes, adultes et enfants ! Bibliothèque municipale d'Abbeville, Ms 16, f° 15v. Photo CNRS-IRHT.

En France, la préférence va aux vins blancs, dont l'acidité est, à l'époque médiévale, très appréciée.
BnF, Ms latin 9333, f° 88, xvᵉ siècle.
Photo BnF.

vue de la purifier. En effet, celle-ci présentait souvent une mauvaise qualité bactériologique et était responsable de fréquents « flux de ventre ».

Les vins bus en France au Moyen Age sont le plus souvent des vins blancs, légers et acides. L'acidité est une saveur très appréciée à cette époque comme en atteste l'emploi très fréquent de verjus. Cet ingrédient est obtenu à partir de raisin cueilli vert, c'est-à-dire avant maturité. Verjus, vinaigre ou encore citron (près de la Méditerranée) permettent de donner aux mets et aux sauces cette saveur acide aussi prisée que la saveur « forte » des épices et la « douceur » du sucre ou du miel.

Moins prestigieux que le vin, le cidre connaît cependant un fort développement à la fin du Moyen Age dans les régions proches de l'Atlantique et de la Manche.
Bibliothèque d'Ajuda de Lisbonne, Ms *Traité de médecine* d'Aldebrande de Florence, XIVe siècle.
Photo Dagli Orti.

Si, pendant presque tout le millénaire médiéval, la préférence va au vin blanc, le vin rouge voit son prestige croître au fil du temps. On préfère toutefois les rouges « clairets », assez légers. Ce n'est qu'à la fin du Moyen Age que les Français commencent à apprécier les vins de couleur plus foncée et plus alcoolisés, comme les vins de Beaune. De leur côté, les cours princières importent des vins « exotiques », doux et puissants, en provenance du Portugal (le grenache), d'Italie (le muscat), de Grèce et de Crète (le malvoisie). Mais tous les vins présentent la même limite : leur faible durée de conservation, qui est presque toujours inférieure à une année.

Dans les régions qui, comme la Bretagne, produisent peu de vin, les personnes n'ayant pas les moyens de s'offrir une chope de vin importé doivent se rabattre sur les boissons fermentées locales : cidre, cervoise, bière ou encore poiré. A la fin du Moyen Age, ces breuvages connaissent un fort développement, mais sans détrôner pour autant le vin qui reste la boisson de prestige. Le cidre enregistre ainsi une forte expansion sur les côtes de l'Atlantique et de la Manche lorsque les producteurs de Galice et du Pays basque se mettent à diffuser vers la France de nouvelles variétés de pommes et des méthodes de culture plus productives.

Connue depuis l'Antiquité, la cervoise (nommée *ale* par les Anglais) est accessible à tous car elle est d'une fabrication aisée – on la produit à la maison – et peu coûteuse. La recette consiste à faire germer quelques mesures d'orge ou d'avoine, puis à stopper le processus en faisant sécher le malt (c'est-à-dire ces graines de céréales germées) ; on écrase ensuite ce malt et on le met à fermenter dans de l'eau. La boisson obtenue présente une saveur aigre et une couleur brune.

A partir de la fin du Moyen Age, la cervoise est peu à peu détrônée par une nouvelle venue : la bière. Mise au point dans les pays germaniques, elle est toujours issue de la fermentation de malts variés (orge, avoine, froment, etc.) mais se différencie de la cervoise par l'adjonction de houblon. Les cônes récoltés sur cette liane grimpante présentent plusieurs atouts : ils permettent de produire davantage de boisson à partir des graines de céréales germées, de stabiliser le breuvage obtenu et de le conserver plus longtemps. Ils lui confèrent également une saveur plus marquée et, notamment, une amertume appréciée des amateurs.

La bière détrône peu à peu la cervoise traditionnelle : l'innovation réside dans l'utilisation de houblon qui accroît la durée de conservation et aromatise le breuvage.
Bibliothèque d'Ajuda de Lisbonne, Ms *Traité de médecine* d'Aldebrande de Florence, XIVe siècle. Photo Dagli Orti.

ALIMENTS AGRICOLES, ALIMENTS SAUVAGES

premierement sist larceuesq̃
des romains. Et auoit autant de distance
de Reins. Apres seoit
du Roy au Roy des romains come du
lempereur. Apres seoit
Roy a lempereur. Et auoient lempereur
le Roy ainsi comme ou milieu
le Roy et le Roy des romains chascun se
du front de la sale. Apres
parement un ciel de drap dor borde de velu
le Roy de france seoit le roy
au aus armes de france. et par dessus ceu

Festins et banquets médiévaux

Page de gauche
Les riches banquets sont accompagnés « d'entremets » : ce sont de véritables mises en scène spectaculaires avant tout destinées à éblouir les invités.
BnF, Ms fr 2813, f° 473v, xiv siècle. Photo BnF.

« On dresse les sièges, les tables et les dressoirs, et on les pare dedans la salle, comme il appartient. Après, on assied les hôtes au chef de la table, avec le seigneur de l'hôtel, et ils ne s'assient point avant qu'ils aient lavé leurs mains. Après, on assied la dame et les filles, et la famille, chacun selon son état. On met les salières, les couteaux et les cuillers premièrement à table, et puis le pain. Et après sont apportées les viandes de diverses manières et les serviteurs servent à grande diligence. [...] Puis viennent les ménestrels avec leurs instruments, pour ébaudir la compagnie. On renouvelle alors les vins et les mets, et à la fin on apporte le fruit. Et quand le dîner est terminé, on ôte les nappes et les reliefs, et on abat les tables quand on a lavé les mains. Et puis on rend grâces à Dieu et à son hôte. »

Ce texte a été rédigé au début du xiii siècle par Barthélemy l'Anglais, un moine franciscain qui fut l'auteur d'une des toutes premières encyclopédies. Il nous livre, de façon condensée, un aperçu des préparatifs et du déroulement d'un banquet médiéval, nous en fait entrevoir le caractère « ritualisé » et, surtout, en mentionne une des fonctions-clés : la distinction sociale.

Le repas de confrérie a pour objet de renforcer les relations au sein de ce groupe social.
Bibliothèque municipale de Valenciennes, Ms 536, f° 9v.
Photo CNRS-IRHT.

Rassembler et, en même temps, distinguer

Le repas auquel on invite ses proches ou ses « relations » n'a jamais pour seul but de nourrir ceux-ci. Dans toutes les cultures et à toutes les époques, le repas partagé est avant tout un acte social : il permet de rassembler une famille, de réunir les habitants d'un même quartier ou village, de favoriser les échanges entre membres d'une corporation, de renforcer ou de créer des liens interpersonnels. Il fournit un cadre pour partager une expérience commune, sceller un accord, célébrer ou accompagner un événement privé (naissance, mariage, funérailles) ou public (banquet offert à l'issue d'une victoire par exemple). Mais au Moyen Age, réceptions, banquets et festins ont également, et de façon très marquée, une fonction de *distinction* : offrir à des invités en grand nombre et de rang social élevé un repas d'exception, où les mets servis sont multiples, variés, abondants, raffinés et, si possible, spectaculaires, est l'occasion de manifester l'étendue de son pouvoir, de faire étalage de sa richesse, de renforcer son prestige. Cette démesure ostentatoire fait clairement partie du système de valeurs de tout seigneur, tout comme la charité envers les pauvres, une vertu que chaque chrétien est tenu de pratiquer. Le banquet achevé, les nourritures qui n'ont pu être consommées sont abondantes, et nous serions tentés aujourd'hui de déplorer cet immense gaspillage. Mais ces restes de repas seront soigneusement récupérés par les serviteurs et distribués aux nécessiteux. Les deux exigences morales de prodigalité et de charité se trouvent ainsi conciliées.

Le banquet médiéval réunit et, en même temps, distingue : c'est l'occasion pour le « puissant » qui invite à sa table de manifester sa richesse et son pouvoir. BnF, Ms fr 112 (1), f° 45, xv° siècle. Photo BnF.

Représentation d'un repas de noces. Au Moyen Age, la mariée était en… rouge. L'obtention d'un rouge éclatant était très délicate, d'où le prestige attribué à cette couleur. BnF, Ms 5073 Res, f° 148, xve siècle. Photo BnF.

Dans la façon dont ils sont « mis en scène », les festins médiévaux sont également l'occasion de rendre visibles les différences de « qualité » (de statut social) des personnes invitées. Une même réception – un repas de noces par exemple – peut en effet réunir des Grands et des membres de la petite noblesse, des prélats et des simples prêtres, des riches marchands et des paysans aisés, des pages et des serviteurs. Une première façon de bien « marquer les différences » réside dans la disposition des convives dans la salle choisie pour le repas (lors des grandes réceptions, plusieurs salles peuvent être mobilisées). Les tables sont disposées de façon à former un U, la table centrale étant réservée au prince et à ses hôtes les plus prestigieux. Souvent, cette table d'honneur repose sur une estrade qui la surélève ; elle peut aussi être surmontée d'un dais (ou « riche ciel ») dont la fonction est de distinguer encore davantage le seigneur ou l'invité de marque que l'on souhaite honorer.

Les personnes de haut rang occupent ainsi le « haut bout » de la table (à proximité du seigneur) et sont placées dos à la cheminée qui, en hiver, les réchauffe. A l'inverse, les individus de rang inférieur sont installés au « bas bout ». On observera que bien souvent, lors des banquets, les femmes sont elles aussi reléguées vers ce « bas bout » : ce n'est que le jour de leur mariage que, vêtues d'une somptueuse robe rouge (couleur de la robe de mariée au Moyen Age), elles jouiront un bref instant de ce privilège.

La disposition des tables et la place des convives obéissent à des règles strictes qui ont pour fonction de bien marquer les différences de statut social. Musée du Petit-Palais, Paris, Ms *Histoire du Grand Alexandre*, f° 298r, xve siècle. Photo The Bridgeman Art Library.

C'est aux personnes de sang royal que sont servis les mets les plus raffinés et les plus variés, mais aussi les quantités les plus importantes. British Library, London, Ms Royal 15 EVI, f° 22v, xv° siècle. Photo The Bridgeman Art Library.

La distinction sociale est encore plus affirmée lorsqu'on considère les nourritures elles-mêmes : les quantités servies ainsi que la variété des plats proposés et leur degré de raffinement dépendent étroitement de la position de chaque mangeur sur l'échelle sociale. Concrètement, cela signifie que deux personnes ayant partagé un même repas peuvent quitter la table en ayant mangé l'une et l'autre des mets totalement différents ! C'est le principe, et même l'objectif, du service dit « à la française ».

Le service « à la française »

Le banquet médiéval est composé d'une succession de séquences chronologiques (entre trois et cinq généralement), appelées « services » ou encore « assiettes ». Chacune de ces séquences correspond à un ensemble de mets qui sont apportés en même temps sur les tables, puis débarrassés afin de laisser la place au service suivant. Dans les réceptions les plus fastueuses, le nombre des plats qui constituent chaque service est très élevé (jusqu'à plusieurs dizaines !). Cela nous conduit généralement à nous étonner de l'énorme capacité d'ingestion de nos ancêtres du Moyen Age ! En réalité, aucun convive ne mange, ni même ne goûte, de tous les plats préparés pour le banquet. Chaque mangeur n'en consomme qu'un petit nombre : ceux que les serviteurs ont disposés juste devant lui, et qui correspondent à son rang. Le « plan de table », qui regroupe les personnes de même statut social, permet aux serviteurs de répartir rapidement les différents plats en fonction de la « qualité » des mangeurs auxquels ces mets sont spécifiquement destinés.

Le déroulement d'un festin médiéval

Le premier « service » s'apparente à notre apéritif moderne, mais un apéritif déjà copieux : les nourritures proposées y sont certes légères, mais elles sont nombreuses. Ce sont principalement des fruits de saison : fraises, cerises, prunes, mûres, raisins, pommes, mais aussi pêches, citrons ou figues produits localement ou importés des régions méridionales. Des échaudés (gâteaux en pâte à pain cuits dans l'eau bouillante) peuvent être également servis, de même que des mets salés : pâtés, boudins, saucisses… Ces fruits ou préparations sont accompagnés de vins épicés et doux. *L'hypocras* est très prisé : c'est un vin dans lequel on a laissé infuser différentes épices (cannelle, gingembre, noix de muscade, etc.). A côté des vins épicés et aromatisés aux herbes, on sert également des vins doux et légèrement liquoreux : grenache, muscat, malvoisie ou encore vins de Grèce, de Crète ou de Chypre.

Les vins aromatisés aux herbes ou aux épices ouvrent et ferment le repas.
Bibliothèque municipale de Carpentras, Ms 54, f° 1v.
Photo CNRS-IRHT.

Au Moyen Age, la plupart des fruits frais sont consommés en début de repas. Cette habitude est liée aux conceptions diététiques de l'époque et, en particulier, à la manière dont les contemporains se représentaient le phénomène physiologique de la digestion. Pour les médecins médiévaux, une bonne digestion était un facteur de santé très important et tout devait être fait pour la favoriser. Cette digestion était assimilée à une véritable *cuisson* des aliments ingérés. Celle-ci s'opérait dans l'estomac (conçu comme une marmite) et était réalisée « à feu très doux » grâce à la chaleur interne du corps. Or, la plupart des fruits frais étaient classés par les médecins parmi les aliments « froids » et « humides » : il fallait donc beaucoup de temps pour les digérer, c'est-à-dire pour que leur « cuisson » dans l'estomac parvienne à leur ôter leur excès d'humidité et de froideur. Le fait

Comme la plupart des fruits, le melon est mangé au début du repas. Etant de nature plus « froide » et plus « humide » que les autres aliments, les fruits doivent séjourner plus de temps dans l'estomac, organe dont la fonction est de « bien cuire » les nourritures.
BnF, Ms latin 9333, f° 18, xve siècle.
Photo BnF.

Le repas du prince comporte plusieurs « services » dont les deux principaux sont le service des « *potaiges* **» auquel succède celui des «** *rôts* **».** BnF, Ms fr 3, f° 246. Photo BnF.

de les consommer au début du repas permettait aux fruits de séjourner plus longtemps dans l'estomac et répondait donc à cette exigence diététique. Notre habitude actuelle de consommer du melon en début de repas (et non à la fin comme nous le faisons avec tous les autres fruits sucrés) est une survivance de cette pratique venue du Moyen Age. Par ailleurs, le fait d'associer à ce melon une tranche de jambon… sec et un verre de vin « chaud » (ce que font encore beaucoup d'entre nous) permettait de compenser davantage la trop grande « humidité » et « froideur » du melon. A l'inverse, certains fruits comme les poires, les nèfles et les coings devaient être obligatoirement consommés à la fin du repas car ils avaient la réputation de bien « fermer » l'estomac. On pouvait les manger frais, mais le plus souvent ils étaient séchés ou cuits dans le vin.

Le cumin entre dans la préparation de plats auxquels cette épice a donné son nom : les *comminées*.
BnF, Ms fr 1311, f° 4. Photo BnF.

Après cette stimulation de l'appétit des mangeurs vient le service des *potages* (ou *potaiges*). Mais ces « potages » médiévaux n'ont rien à voir avec nos actuelles soupes de légumes ! Le terme désigne tous les aliments cuits dans des… pots, c'est-à-dire le plus souvent des viandes, gibiers ou volailles cuisinés avec des légumes et qui mijotent à petit feu dans une sauce. Parmi les *potaiges* les plus répandus figurent les nombreux *brouets* (viandes cuites dans un bouillon) ainsi que les *cretonnées* : le terme vient de *creton* qui désigne le petit morceau de lard qui s'est recroquevillé sous l'effet de la chaleur du feu. Les *comminées* sont, quant à elles, des préparations dont l'épice principale est le cumin. Autres grands classiques de cette *assiette* : les *hochepots*, dont le nom vient de hocher, c'est-à-dire secouer. Il faut en effet plonger régulièrement la cuillère dans le pot pour « secouer » (remuer) les aliments qui s'y trouvent. Un mets intéressant est le *héricot de mouton*, sorte de ragoût parfois servi avec des navets. Là encore, aucun haricot dans ce plat, et pour cause : ce légume originaire d'Amérique ne sera introduit en Europe qu'au XVIe siècle. Le terme *héricot* dérive en réalité du verbe *haricoter* qui signifie « couper en petits morceaux » (la viande de mouton). Selon certains auteurs, ce mets aurait donné plus tard son nom aux haricots venus d'outre-Atlantique que l'on a pris l'habitude de consommer avec ce même gigot d'agneau.

Le service des *rôts* correspond – mais uniquement les jours « gras » – aux pièces de viande cuites à la broche. Il peut s'agir de gibier (sanglier, chevreuil, lièvre…), de viande de jeunes animaux d'élevage (chevreau, porcelet ou veau), de volailles de basse-cour ou sauvages (chapons, poulardes, poulets, faisans, oies, canards, perdrix, tourterelles et autres *menus oysiaux* tels que cailles, alouettes, rouges-gorges…) et, enfin, dans les banquets les plus prestigieux, de grands volatiles : *cines* (cygnes), paons, *soigoingnes* (cigognes), hérons, butors, grues, cormorans…

A côté des rôts au sens strict peuvent figurer des poissons, de mer et d'eau douce. Ils peuvent être cuits à la broche, au four, sur un gril ou même bouillis, malgré leur classement dans la catégorie des *rôts*. Leur point commun est de subir une cuisson relativement rapide, à la différence des poissons classés dans le service « potages » qui, eux, mijotent longuement à petit feu dans leur sauce.

Parce qu'il évolue dans les hauteurs, le cygne symbolise l'alimentation des « dominants » et des personnes de rang social « élevé ». Cuit à la broche, il est présenté lors du service des rôts.
Bibliothèque municipale d'Amiens, Ms 399, f° 143v. Photo CNRS-IRHT.

**Après la « desserte »,
les mangeurs passent
à « l'issue », service
au cours duquel ils
boivent de l'*hypocras*,
un vin épicé.**
BnF, Ms fr 938, f° 69, XIIIe siècle.
Photo BnF.

Avant ou après les rôts, interviennent les *entremets* dont nous reparlerons. Le service suivant est la *desserte* (d'où vient notre terme actuel de *dessert*). Aux convives sont proposées des préparations sucrées à base de fruits (par exemple des compotes de poires ou de pommes aux amandes), des flans, tartes, crèmes ou encore des rissoles qui sont des beignets salés. Mais aussi certains fruits comme les poires, les nèfles ou les coings qui, comme nous l'avons vu, étaient censés « fermer » l'estomac. Des fruits secs et du fromage peuvent compléter cette *desserte*.

A celle-ci succède *l'issue* : on y boit à nouveau de l'hypocras et des « vins de congié » tout en grignotant des gaufres et gaufrettes. Cuites entre deux fers, elles portent des noms variés : « oublies » (semblables à des hosties), « mestiers », « supplications » (gaufres alvéolées frites dans le saindoux) ou encore « gros bâtons » (gaufrettes sucrées enroulées en cornet autour d'un bâton).

L'*issue* consommée, les convives récitent les grâces. Les domestiques débarrassent ensuite les tables et récupèrent au passage, pour les nécessiteux, les morceaux non consommés.

Le festin n'est cependant pas tout à fait achevé. Un dernier service est proposé : le *boute-hors,* expression qui signifie littéralement « pousser dehors ». Les invités – au moins ceux que le maître de maison veut honorer tout particulièrement – quittent donc la salle du repas pour rejoindre les appartements privés de leur hôte où ils partagent vin et « épices de chambre ». Ces dernières sont des épices (gingembre, coriandre, fenouil, anis…) et des fruits (pignons, coings, noisettes ou pistaches) qui ont été confits dans du sucre ou dans du miel. Confectionnées par des apothicaires, et donc considérées autant comme des médicaments que comme des confiseries, ces épices de chambre sont censées faciliter la digestion. D'autres friandises – dragées, confitures épaisses, pétales de rose confits – sont également proposées.

Dernière précision : les plats chauds arrivent couverts d'un autre plat retourné afin qu'ils ne refroidissent pas trop. En effet, dans les grandes demeures des familles nobles, la cuisine est éloignée des autres pièces d'habitation pour limiter les risques de propagation d'un éventuel incendie. Cet usage est à l'origine de l'expression « mettre le couvert ».

Pour le « boute-hors », les convives sont réellement « mis dehors » : le maître de maison les invite dans ses appartements privés pour grignoter quelques friandises et « épices de chambre ».
BnF, Ms 5070, f° 289v, XVe siècle.
Photo BnF.

Avant le repas, on se rince toujours les mains. La fourchette demeurant inconnue jusqu'à la fin du Moyen Âge, on se sert de ses doigts pour porter les aliments à la bouche.
BnF, Ms fr 2646, f° 125, xve siècle. Photo BnF.

Un rituel très codifié

Les convives sont invités à passer à table au son du cor. Cette pratique est appelée « corner l'eau » : en effet, avant de prendre place, les mangeurs se rincent les doigts. Ils tendent leurs mains au-dessus d'un bassin et des serviteurs y versent l'eau d'une aiguière avant de présenter une serviette pour l'essuyage des mains. A l'issue du repas, les convives pourront à nouveau se rincer les doigts (ils s'en sont servis pour manipuler les aliments) et la bouche. Contrairement à ce que l'on pense souvent, les préoccupations d'hygiène n'étaient pas du tout absentes chez nos ancêtres du Moyen Âge : les villes comportaient de nombreux bains publics (ou « étuves ») dans lesquels on se rendait pour se laver... et pour manger ! Enluminures et peintures de l'époque montrent ainsi des hommes et des femmes entièrement nus, se baignant dans un même baquet tout en se régalant des victuailles disposées à proximité (à la fin du

Le moment de se rincer les mains, c'est-à-dire de passer à table, est annoncé au son du cor : cela s'appelle « corner l'eau ».
BnF, Ms fr 6465, f° 44v, xve siècle. Photo BnF.

84   À LA TABLE DES SEIGNEURS, DES MOINES ET DES PAYSANS DU MOYEN ÂGE

Les étuves, ou bains publics, sont aussi des lieux où l'on boit et mange… en agréable compagnie. BnF, Ms 5196, f° 372, xve siècle. Photo BnF.

Le service du vin est assuré par l'échanson. Le convive qui souhaite boire lui fait signe, se saisit du gobelet qui lui est tendu, vide celui-ci d'un trait puis le rend à l'échanson. BnF, Ms fr 9140, f° 114, xve siècle. Photo BnF.

Moyen Age, l'Eglise interdira la mixité de ces établissements dans lesquels elle ne voit que des lieux de débauche, puis parviendra à les faire fermer).

Les convives s'installent à table en ne s'asseyant que d'un seul côté : cela rend le service plus aisé et permet également de bien voir les différents spectacles (jongleurs, acrobates, troubadours…) présentés au cours du repas.

Servir un duc, un prince ou un roi, découper sa viande ou trancher son pain, est une fonction de la plus haute importance. C'est avant tout un grand honneur, réservé à des personnes de la noblesse, spécialement formées à cette tâche depuis leur jeune âge. Le service du repas – et celui du vin – est minutieusement réglé par le maître d'hôtel. Premier à intervenir, le *panetier* met en place les nappes, prépare les tranchoirs de son maître (tranches de pain à la mie dense qui feront office d'assiettes) et dispose le sel sur les tables.

Tout à côté du seigneur se tient *l'écuyer tranchant* : cet homme de confiance a appris à découper habilement la viande et la volaille, et il propose à son maître les meilleurs morceaux (par exemple les têtes et les cous des volatiles qui sont servis). Un autre officier de bouche, *l'échanson,* assure le service du vin, qu'il coupe d'eau le plus souvent. Dans un premier temps, il vérifie avec minutie que ces liquides ne sont pas empoisonnés. Pour cela, il a recours à des « réactifs » comme la fameuse corne de licorne (en réalité la défense spiralée d'un narval, mammifère marin des régions arctiques). La « corne » de cet animal mythique, dont la blancheur immaculée symbolise la virginité et la pureté, est censée faire réagir la boisson infectée de venin. Puis, l'échanson et le sommelier, l'un après l'autre et sous les yeux de tous les invités, goûtent le vin qui sera ensuite servi au seigneur.

Au Moyen Age, la crainte de l'empoisonnement est telle qu'elle justifie d'infinies précautions. L'*essay* (ou *espreuve*) ne s'applique pas seulement à l'eau et au vin, mais à l'ensemble des mets et boissons servis aux puissants. Ainsi, la corne de licorne sert-elle également à vérifier l'innocuité du pain. Mais bien d'autres réactifs ou antidotes sont disponibles, que l'on achète à prix d'or. Parmi eux figurent les *langues de serpent* (en réalité des dents de requin pétrifiées). On a aussi recours à la *crapaudine*, une petite « pierre » que ses vendeurs prétendent trouver dans la tête de certains crapauds et qui n'est, là encore, qu'une dent de poisson fossilisée. Citons aussi le *bézoard* : issu d'un mot persan signifiant « qui préserve du poison », le terme désigne une concrétion que l'on trouve dans l'estomac de certains ruminants comme la chèvre ou la gazelle. Elle est constituée de sels minéraux qui se sont déposés autour de débris végétaux non digérés. Egalement appelé *pierre de fiel* ou encore *perle d'estomac,* le bézoard est considéré au Moyen Age comme un des antidotes les plus puissants : on l'enchâsse dans une monture d'or et on le porte en pendentif ou, pour une protection plus efficace encore, on le râpe et on consomme la poudre ainsi obtenue.

La prétendue « corne de licorne » est employée pour vérifier que le vin, l'eau ou les plats n'ont pas été empoisonnés.
Bibliothèque municipale d'Angers, Ms 314, f° 55v, xv° siècle.
Photo CNRS-IRHT.

Le service des entremets est annoncé au son des cuivres. BnF, Ms fr 9002, f° 148v, XVᵉ siècle. Photo BnF.

Des entremets… extravagants

De nos jours, le terme d'entremets désigne des préparations sucrées. Mais, au Moyen Age, le mot a un sens beaucoup plus étendu : il s'applique à une grande diversité de plats, très hétéroclites, servis « entre les mets » (plus exactement entre deux « services », généralement après celui des *rôts*). Ces plats sont accompagnés de divertissements et de spectacles proposés par des acrobates, jongleurs, danseurs, comédiens, musiciens, trouvères et troubadours.

Les entremets peuvent être des plats simples, à base de céréales comme la *fromentée* (une bouillie de froment colorée en jaune par du safran), de viandes, d'œufs ou encore de légumes (par exemple une purée de pois cassés). D'autres entremets sont des plats de poisson comme les « plies et lamproies à la boue » (cette boue n'est en réalité qu'une sauce épaisse).

Mais les entremets peuvent aussi être des mets de grand prestige, qui sont l'occasion pour les « maîtres queux » (les « chefs » cuisiniers de l'époque) de montrer toute l'étendue de leur art. Il peut s'agir de plats d'une extrême sophistication, comportant des dizaines d'ingrédients, de pièces montées monumentales et de pâtés de taille démesurée, de mets « déguisés » c'est-à-dire dont on cherche à dissimuler la vraie nature (par exemple en donnant à un plat de poisson l'apparence de la viande).

**Le paon, aliment emblématique des puissants, est servi au moment des entremets.
Il est présenté avec les plumes de la queue déployées.** Musée du Petit-Palais, Paris, Ms L. Dut 456, f° 86r. Photo RMN.

FESTINS ET BANQUETS MÉDIÉVAUX   89

Le *Viandier* (livre de cuisine de la fin du XIVᵉ siècle) fournit la recette de « l'entremès de cine revesté de sa piau a toutes les plumes » (entremets d'un cygne revêtu de toute sa peau avec les plumes). Le grand volatile était soigneusement débarrassé de sa peau, puis il était cuit et recouvert à nouveau de son plumage. Son bec et ses pattes étaient dorés à l'or fin et une structure cachée de baguettes de bois et de fils de fer redonnait à l'animal l'apparence d'être « vif » et prêt à s'envoler.

Autre entremets classique : celui dit du « coq heaumez ». Un coq est placé « à cheval » sur le dos d'un cochon de lait rôti et

Le Moyen Age apprécie les « mets déguisés », c'est-à-dire les plats qui ont l'apparence d'une tout autre nourriture.
BnF, Ms fr 9140, fᵒ 112, XVᵉ siècle.
Photo BnF.

farci. Ce coq est revêtu d'un heaume de papier (c'est-à-dire d'un casque de guerre) et on a placé une petite lance dans une de ses pattes.

Les entremets peuvent aussi consister en mises en scène et en décors très spectaculaires, voire extravagants, destinés à créer un effet de surprise chez les convives et à susciter leur émerveillement. D'imposantes maquettes de châteaux forts, d'animaux fantastiques, de scènes bibliques, d'épisodes de guerre ou de croisade sont ainsi présentées lors du festin, avec toujours pour seul et unique objectif « d'étaler » la puissance et la richesse du maître de maison, et d'en renforcer la renommée et le prestige. La forte impression créée par ce type d'entremets chez ceux qui en sont les témoins est en effet véhiculée dans toute l'Europe. Cette diffusion orale est renforcée par le fait que les chroniqueurs du temps usent leurs plumes à les décrire dans les moindres détails. Certains de ces entremets sont demeurés célèbres. C'est le cas, par exemple, de celui conçu par maître Chiquart en 1420 pour Amédée VIII, prince de Savoie. L'entremets en question représente un château dont les quatre tours servent de supports à quatre préparations : une hure de sanglier, un porcelet doré, un brochet dont le corps a été cuit de trois façons différentes (frit, bouilli et rôti), un cygne cuit revêtu de ses plumes. Au centre du château est disposée une fontaine d'où jaillissent du vin et de l'eau de rose. Des colombes vivantes (mais en cage) l'entourent ainsi qu'une multitude de plats.

Au XVe siècle, la cour de Bourgogne était connue pour son luxueux train de vie et la somptuosité de ses banquets. Le fameux *Banquet du Faisan*, qui se déroula à Lille en 1454, en constitua une sorte d'apothéose. Ce festin n'était rien d'autre qu'un instrument de propagande politique. Il avait été organisé par le duc Philippe le Bon pour convaincre les nobles d'entreprendre une nouvelle croisade… qui n'eut jamais lieu. Mais le banquet, lui, eut bien lieu : il comportait pas moins de vingt-quatre entremets, gigantesques pièces montées figurant des tours, des navires, des châteaux…

Les grands oiseaux servis à table – paons, cygnes, hérons, cigognes, grues… – ont l'air vivants, ce qui ne manque pas d'impressionner les convives.
Musée du Petit-Palais, Paris, Ms *Histoire du Grand Alexandre*, XVe siècle. Photo The Bridgeman Art Library.

La fromentée est une modeste bouillie de froment, mais elle est colorée en jaune par du safran, une des épices les plus chères.
BnF, Ms fr 9140, f° 193, XVe siècle.
Photo BnF.

De la couleur jusque dans les plats

Le Moyen Age accordait une très grande importance aux couleurs. On sait aujourd'hui que les portails, les murs intérieurs, les voûtes et les statues des cathédrales étaient peints de couleurs vives, lumineuses, éclatantes et, reconnaissons-le, souvent dissonantes voire franchement criardes ! Cette débauche chromatique envahissait tout : vitraux, jardins, châteaux et palais, enluminures des manuscrits, bannières des processions et blasons, tissus et vêtements civils ou sacerdotaux, tapisseries et tapis, et jusqu'aux poils des chiens et des chevaux, et aux plumes des faucons dressés pour la chasse. Les cheveux et les barbes des humains, et même leur peau, n'échappaient pas à cette obsession et faisaient l'objet de teintures et de soins colorés. L'homme médiéval recherchait partout la débauche de couleurs : elle lui était indispensable pour conjurer ses angoisses et, en premier lieu, sa terreur de la nuit obscure. La théologie renforçait cet attrait pour la couleur : cette dernière était décrite comme le moyen de s'élever spirituellement jusqu'à la lumière, symbole du Christ.

La cuisine n'échappait pas à cet univers de couleurs, au moins dans les classes dominantes de la société médiévale. Les élites appréciaient, pour leur signification symbolique, les plats fortement colorés. C'est pourquoi les maîtres queux de l'époque chercheront à conférer à leurs préparations des tons éclatants. Pour certains plats ou sauces, ils privilégient la couleur blanche, qui signifie pureté et innocence. Pour d'autres mets, ils choisissent une dominante verte, symbolisant la fertilité de la terre et la Nature. Le jaune est associé à la sagesse et à la spiritualité, le noir permet de renforcer la couleur naturellement foncée de la viande de gibier, nourriture des puissants. Enfin, le doré et l'argenté sont synonymes de faste et de luxe : celui qui offre à ses invités des plats dorés à la feuille d'or ou d'argent jouit d'un grand prestige.

Pour colorer plats et sauces, on a recours aux épices : le safran permet d'obtenir une teinte jaune orangé que l'on peut renforcer avec « grant foison de moyeulx d'oefs » c'est-à-dire une grande quantité de jaunes d'œufs. Le jaune est la couleur de nombreuses sauces dont la *sauce au poivre jaunet*. La *fromentée*, une bouillie de froment, est elle aussi colorée au safran, épice qui permet également de teinter le beurre et certains fromages. La cannelle, quant à elle, confère au plat sa couleur brune. Pour le vert (couleur de la *sauce verte*), les maîtres queux ont notamment recours au persil, à l'oseille et à la sauge. Le

Le Moyen Age raffole des couleurs vives… jusque dans les mets. L'orcanette (à gauche) est utilisée pour conférer aux plats une couleur rose, tandis que la sauge (à droite) leur transmet sa couleur verte.
À gauche : BnF, Ms latin 6823, f° 23. Photo BnF ; à droite : BnF, Ms latin 9474, f° 81v, XVe siècle. Photo BnF.

pain bien « brullé » (grillé) donne au plat une couleur noire, couleur qui convient bien aux plats de gibier, tandis que le blanc est donné par le pain blanc, les amandes, le blanc de poulet… Un des plats les plus populaires du Moyen Age – le « blanc mengier » ou « blanc manger » – tire son nom de sa couleur : c'est, à l'origine, un plat à base de blanc de poulet ou de poisson, mais qui désignera ensuite un entremets sucré. Quant aux viandes, elles sont colorées en rose par l'orcanette, une petite plante méditerranéenne qui pousse dans les sables littoraux, et dont la racine rouge était également très utilisée en teinturerie. Ces mêmes plats de « chair » pouvaient aussi être teintés en rouge vif au moyen du « sang-dragon », sécrétion résineuse d'un palmier de l'océan Indien.

Chiogia
Moragan
Terra fucina
S. nicolo
S. andrea
S. lena
S. antonio
S. bartolomeo
S. marco
S. tomaso
S. nicolo
S. marta
S. maria nuova
S. apostolo
S. sophia
S. catterina
S. michele
S. secondo

Le goût des épices

Une des particularités majeures de la cuisine médiévale réside dans l'emploi à la fois très abondant, très diversifié et très fréquent des épices. Ces denrées sont en effet présentes dans plus des trois quarts des recettes que proposent les ouvrages culinaires rédigés à la fin du Moyen Age. Par ailleurs, lorsqu'elles sont indiquées (ce qui est rare dans les recettes médiévales), les quantités d'épices sont toujours impressionnantes, et leur emploi ne se limite pas aux seuls plats : les épices aromatisent les vins, entrent dans la composition de dragées… De fait, une véritable « folie des épices » s'empare des aristocrates fran-

Page de gauche
A l'image de Gênes, sa concurrente, Venise bâtira sa prospérité sur le commerce des épices.
BnF, Ms latin 4802, f° 132.
Photo BnF.

A partir du XIIe siècle, les croisades favorisent la découverte de nouvelles épices par les Européens.
BnF, Ms fr 2813, f° 212v, XVe siècle.
Photo BnF.

Plusieurs siècles avant l'époque des Croisades, l'Occident chrétien utilise déjà la noix de muscade. Bibliothèque Estense de Modène, Italie, Ms fr en latin *Tractabus de Herbis* de Dioscorides, f° 98v, XVe siècle. Photo Dagli Orti.

çais aux XIVe et XVe siècles. Leurs homologues anglais, allemands, catalans ou encore italiens ne sont pas en reste : eux aussi se mettent à faire un usage immodéré de ces produits « exotiques » et hors de prix.

Les épices n'étaient pas pour autant inconnues auparavant : certaines, comme le poivre et le clou de girofle, étaient déjà utilisées dans l'Antiquité pour leurs propriétés aromatiques ou médicinales. Depuis bien longtemps, les personnes souffrant de maux de dents avaient expérimenté avec soulagement le pouvoir anti-inflammatoire et antiseptique du bouton floral du giroflier. Sa saveur particulière était également très prisée, renforçant le caractère précieux conféré à cette épice. En atteste la présence, dans une tombe mérovingienne, d'un petit coffret en or contenant… deux clous de girofle ! Au cours des premiers siècles médiévaux, d'autres épices (galanga, noix de muscade, etc.), furent introduites en Europe. Ainsi, contrairement à ce que l'on croit souvent, nos ancêtres se régalaient de mets épicés bien avant de prendre la route des croisades à la fin du XIe siècle. Il est vrai toutefois que leurs séjours en Terre sainte leur ont permis de découvrir et de rapporter de nouvelles épices qui ont fortement enrichi le répertoire existant.

L'arracheur de dents fait bénéficier ses riches patients des vertus antiseptiques du clou de girofle. Bibliothèque universitaire de médecine de Montpellier, Ms 89, XIVe siècle. Photo Dagli Orti.

Les épices

C'est au Moyen Age, plus précisément au XIIe siècle, que le mot épice fait son apparition dans la langue française. Il dérive du latin *species* qui, dans l'Antiquité, désignait toute « espèce » de denrée. Avec le temps, ce sens extrêmement large se précise : au début de la période médiévale, il se restreint aux aromates et aux « drogues » (au sens pharmaceutique du terme). Mais leur nombre demeure encore très élevé : un recueil rédigé au milieu du XIVe siècle par un auteur florentin dénombre près de deux cents « épices » ! Dans cette catégorie, l'ouvrage fait figurer de très nombreux produits à usage médicinal, dont certains sont d'origine animale (comme le castoréum, une sécrétion grasse produite par les glandes sexuelles du castor) ou minérale (comme le mercure). Plus surprenant, le manuscrit qualifie d'épices des produits utilisés pour la teinture (indigo, alun) ou la parfumerie (musc), de même que le coton et la cire. A la même époque, *Le Viandier* cite, parmi les épices dont il dresse la liste, les amandes et le sucre ainsi que des plantes aromatiques qui n'ont rien d'exotique : laurier, ail, oignon, ciboule, échalote... D'autres documents de la fin du Moyen Age font quant à eux figurer les oranges et le miel parmi les épices. Ce n'est que récemment que le terme *épice* a été réservé aux seuls « produits végétaux naturels, employés pour leur saveur et leur arôme dans l'assaisonnement des aliments ».

« L'épicier », c'est-à-dire le marchand d'épices, pèse avec un grand soin ses précieuses denrées.
BnF, Ms fr 218, f° 111, XVe siècle.
Photo BnF.

Cette enluminure, extraite d'un traité de médecine du XIVe siècle, présente un apothicaire en train de broyer du gingembre. Les épices ont d'abord été utilisées pour leurs propriétés médicinales.
Bibliothèque d'Ajuda de Lisbonne, Ms *Traité de médecine* d'Aldebrande de Florence, f° 167, XIVe siècle.
Photo Dagli Orti.

LE GOÛT DES ÉPICES

Récolte du safran, une épice dont le nom vient d'un mot arabe signifiant « jaune ».
BnF, Ms latin 9333, f° 37v, XVe siècle.
Photo BnF.

Les livres de recettes médiévaux mentionnent un très grand nombre d'épices. Certaines nous sont encore très familières, même si nous les employons aujourd'hui à des doses bien plus modestes qu'au Moyen Age : cannelle, clou de girofle, noix de muscade, cumin, gingembre, safran, anis, poivre rond ou encore cardamome. D'autres épices, en revanche, sont beaucoup moins utilisées de nos jours, voire portent des noms qui nous sont totalement inconnus : le poivre long, le galanga (ou garingal), la graine de paradis, le macis, le spic nard, le cubèbe, le mastic, le citoual...

La cannelle est l'une des épices les plus appréciées à l'époque médiévale. Elle représente l'ingrédient principal de la très populaire *sauce cameline* à laquelle elle donne sa couleur « poil de chameau ». Comme aujourd'hui, elle est commercialisée sous forme de « tuyaux » : ces petits tubes sont constitués par l'écorce, enroulée sur elle-même, du cannelier, un arbre de la même famille que le laurier. On utilise aussi la *fleur de cannelle,* qui est le bouton floral séché de ce même cannelier.

Le safran est lui aussi très convoité pour son arôme, mais aussi pour son pouvoir colorant ainsi que pour ses vertus prétendument aphrodisiaques. Le mot est d'origine arabe (*sahafaran* ou *zafran* désigne la couleur jaune). L'épice correspond aux trois filaments rouge orangé – les botanistes disent « stigmates » – qui constituent la partie supérieure du pistil de la fleur d'une espèce particulière de crocus. Aujourd'hui, environ 150 000 fleurs de ces crocus sont nécessaires pour obtenir 1 kilo de safran, mais au Moyen Age il en fallait trois à quatre fois plus. La récolte était, et demeure toujours, manuelle d'où son prix exorbitant (de nos jours, le safran est l'épice la plus chère du monde, avec un prix pouvant atteindre 6000 euros le kilo).

Au Moyen Age, le cumin est moins utilisé que le gingembre, le safran, la cannelle, le clou de girofle ou la noix de muscade. Mais il constitue l'épice principale d'un type de mets que nous avons déjà évoqué : la *comminée*... qui peut être de « poulaille » (volaille), de poisson ou même d'amandes.

A contrario, le galanga est une épice du répertoire médiéval qui a quasiment disparu de nos cuisines contemporaines (en revanche, il est toujours très consommé en Inde et dans les autres pays tropicaux qui le cultivent). Sur le plan botanique, c'est un rhizome, c'est-à-dire une tige souterraine, comme le gingembre. Ce galanga est proche du curcuma que l'on appelle encore « faux safran » (bien moins coûteux, le curcuma est souvent utilisé à la place du « vrai » safran).

Citons également le macis qui désigne la membrane charnue, de couleur rouge ou orangée, qui entoure la noix de muscade. Comme cette dernière, le macis est utilisé au Moyen Age comme une épice en tant que telle.

Les épices sont rarement employées seules, comme le montre cette recette qui prescrit – avec l'orthographe approximative et fluctuante de l'époque – de broyer ensemble « gingenbre, canelle, giroffle, graine de Paradis et un pou (un peu) de saffran ». Toutes ces denrées n'avaient pas seulement un usage culinaire et médicinal. Dans une économie médiévale peu monétarisée, elles permettaient aussi de payer en nature, pratique à l'origine de l'expression « payer en espèces » c'est-à-dire en… épices. Le poivre, en particulier, a beaucoup servi de monnaie d'échange : c'était un des éléments qui composaient la dot de la fille donnée en mariage ; il permettait aussi de rémunérer (de corrompre ?) un juge, de s'acquitter d'un service rendu, de payer une rançon ou une amende, bref de régler une addition ou une note souvent perçue comme « poivrée », « salée » ou encore « épicée ». De surcroît, à l'instar de nombreuses autres denrées alimentaires, le transport et le commerce des épices étaient eux-mêmes soumis à de lourdes taxes.

Récolte du poivre en Orient. Cette épice était couramment utilisée pour payer en « espèces », c'est-à-dire en… épices.
BnF, Ms fr 2810, f° 84, XVe siècle.
Photo BnF.

LE GOÛT DES ÉPICES 99

Débarquées dans les ports de la Méditerranée, les épices partent ensuite vers les châteaux, les palais et les riches demeures. Parce qu'ils sont très chers, ces produits sont, pour les classes aisées, un puissant moyen de distinction sociale.
BnF, Ms fr 2810, f° 86v, XVe siècle.
Photo BnF.

On peut s'interroger sur les raisons qui, à la fin du Moyen Age, ont suscité, chez les élites sociales, un tel engouement pour les épices. D'entrée de jeu, éliminons l'idée fausse selon laquelle l'emploi massif d'épices aurait permis de masquer le mauvais goût de viandes souvent avariées. L'explication ne tient pas : en effet, seules les couches les plus aisées de la société pouvaient se payer des épices, produits extrêmement coûteux. Or, les riches ne risquaient pas de consommer des viandes mal conservées : leurs moyens financiers (et leur goût pour la chasse) leur permettaient de disposer des viandes les plus fraîches. En réalité plusieurs hypothèses, de nature différente mais convergentes, peuvent être avancées pour rendre compte de ce goût aussi prononcé pour les épices.

En premier lieu, ces denrées exotiques étaient appréciées en tant que telles pour leurs parfums, arômes et saveurs si particuliers et si puissants : comme la saveur « acide », la saveur « forte » était particulièrement prisée au Moyen Age. La couleur que l'emploi de certaines épices conférait aux mets contribuait aussi à l'attrait de ces ingrédients.

Mais la fascination exercée par les épices répondait à des raisons bien plus nombreuses et profondes que la seule satisfaction des sens du mangeur. Pour explorer ces motivations, on peut tout d'abord faire référence à la « grande chaîne de l'être » évoquée au début de cet ouvrage. Les épices proviennent, pour la plupart, de régions chaudes et arides. Cette origine géographique conduisait spontanément les hommes du Moyen Age à associer les épices à l'élément *feu*. Or, des quatre éléments constitutifs de la Création, le feu était considéré comme le plus noble. Du coup, les épices se voyaient attribuer une supériorité symbolique sur tous les végétaux et animaux issus des trois autres éléments, l'air, l'eau et la terre.

Autre explication du puissant attrait qu'exerçaient les épices : elles stimulaient fortement l'imaginaire des mangeurs médiévaux. Ces précieuses denrées exhalaient en effet un « parfum d'aventure » : elles provenaient d'un Orient lointain et mystérieux, et leur acheminement comportait de nombreux risques, à commencer par celui représenté par les pillards. La publication, à la fin du XIIIe siècle, des récits de voyage de Marco Polo a contribué à renforcer la dimension imaginaire de ces denrées exotiques : « Le giroflier pousse en quantité dans ce pays. [...] Ils ont aussi du gingembre, de la cannelle et, en quantité, d'autres épices qui ne sont jamais arrivées chez nous... aussi n'est-il pas nécessaire d'en parler. » Par ailleurs, les épices procuraient à celui qui les consommait un avant-goût de paradis : en effet, c'est dans ce même Orient que les gens du Moyen Age situaient l'*Eden*, le paradis terrestre d'Adam et Eve. Dans ce jardin merveilleux, naissent quatre grands fleuves qui acheminent les épices vers les ports de commerce. Par exemple jusqu'à Alexandrie, ainsi que l'explique Joinville, le compagnon du futur Saint Louis : « Avant que le fleuve n'entre en Egypte, les gens qui ont l'habitude de le faire jettent leurs filets déployés dans le fleuve, au soir ; et quand vient le matin, ils y trouvent ces marchandises vendues au poids qu'on apporte ici, c'est-à-dire gingembre, rhubarbe, bois d'aloès et cannelle. Et l'on dit que ces choses viennent du paradis terrestre, où le vent les fait tomber des arbres, à la manière dont il fait tomber le bois sec dans les forêts de nos régions. »

L'imaginaire lié aux épices explique en partie la « folie » que suscitent ces denrées à la fin du Moyen Age. Ce sont les quatre fleuves qui prennent leur source dans le jardin d'Eden qui, dit-on, transportent les épices jusqu'aux ports de l'Occident.
BnF, Ms fr 2810, f° 22, xve siècle.
Photo BnF.

LE GOÛT DES ÉPICES 101

Les nombreuses croyances et légendes entourant les épices participaient ainsi à exciter l'imagination des femmes et des hommes médiévaux. Ainsi, selon Barthélemy l'Anglais, le grand encyclopédiste du XIIIe siècle, la cannelle provenait du nid d'un Phénix. Cet oiseau était l'un des nombreux animaux mythiques du Moyen Age, aux côtés de la licorne, du dragon, du griffon, de la salamandre... Vivant en Orient, ce volatile détenait le pouvoir merveilleux de renaître de ses cendres après avoir été consumé par le feu. Pour cette raison, il symbolisait la résurrection du Christ et l'immortalité. Et la cannelle bénéficiait du même coup de cette fabuleuse « image de marque ». Les vendeurs d'épices (les *épiciers*) avaient très vite compris l'impact positif sur leur chiffre d'affaires d'un « marketing » consistant à « vendre du rêve » à leurs clients. Par exemple, ils n'hésitaient pas à affirmer que les poivriers étaient jalousement gardés par des serpents. Le seul moyen de faire déguerpir rapidement les dangereux reptiles consistait à mettre le feu aux arbustes, opération qui était responsable de la couleur noire du poivre (alors que celui-ci, disait-on, était blanc à l'état naturel).

Autre exemple : la « graine de paradis ». Cette épice, que l'on nomme aujourd'hui maniguette, a une saveur et des arômes comparables à ceux du poivre noir. Elle tirait cette appellation de l'origine géographique que lui attribuaient les marchands. Mais les acheteurs finirent par découvrir que cette épice n'était pas originaire du paradis terrestre ni même de l'Orient, mais d'Afrique de l'Ouest. Les consommateurs se détournèrent alors immédiatement de ce produit : il avait perdu la « part de rêve » qui en faisait toute la valeur.

Outre ces explications de nature symbolique et imaginaire, la médecine de l'époque a également beaucoup contribué à promouvoir les épices. Le simple fait qu'il s'agisse de produits rares et donc coûteux conduisait spontanément l'homme du Moyen Age à leur prêter d'innombrables vertus thérapeutiques (et aphrodisiaques). La cannelle était ainsi réputée faire merveille contre les maux d'estomac et les diarrhées, la coriandre et le clou de girofle étaient jugés souverains contre les troubles de l'intestin, le gingembre facilitait l'assimilation des aliments tandis que le safran aidait à s'endormir. Plus largement, les épices, en raison de leur nature « chaude » et « sèche », étaient considérées comme indispensables pour « bien cuire les viandes », c'est-à-dire tous les aliments (en particulier ceux qui présentaient le défaut d'être trop « froids » ou trop « humides »). Leur emploi massif avait donc pour effet de faciliter la digestion, celle-ci étant assimilée, rappelons-le, à une cuisson des aliments dans l'estomac. Au Moyen Age, on le voit, les préoccupations diététiques exerçaient déjà une forte influence sur la composition des plats et leurs modes de cuisson.

C'est dans le nid du mythique phénix, oiseau qui symbolise l'immortalité, qu'il faut aller chercher la précieuse cannelle.
Bibliothèque municipale d'Amiens, Ms 399, f° 144v, XVe siècle.
Photo CNRS-IRHT.

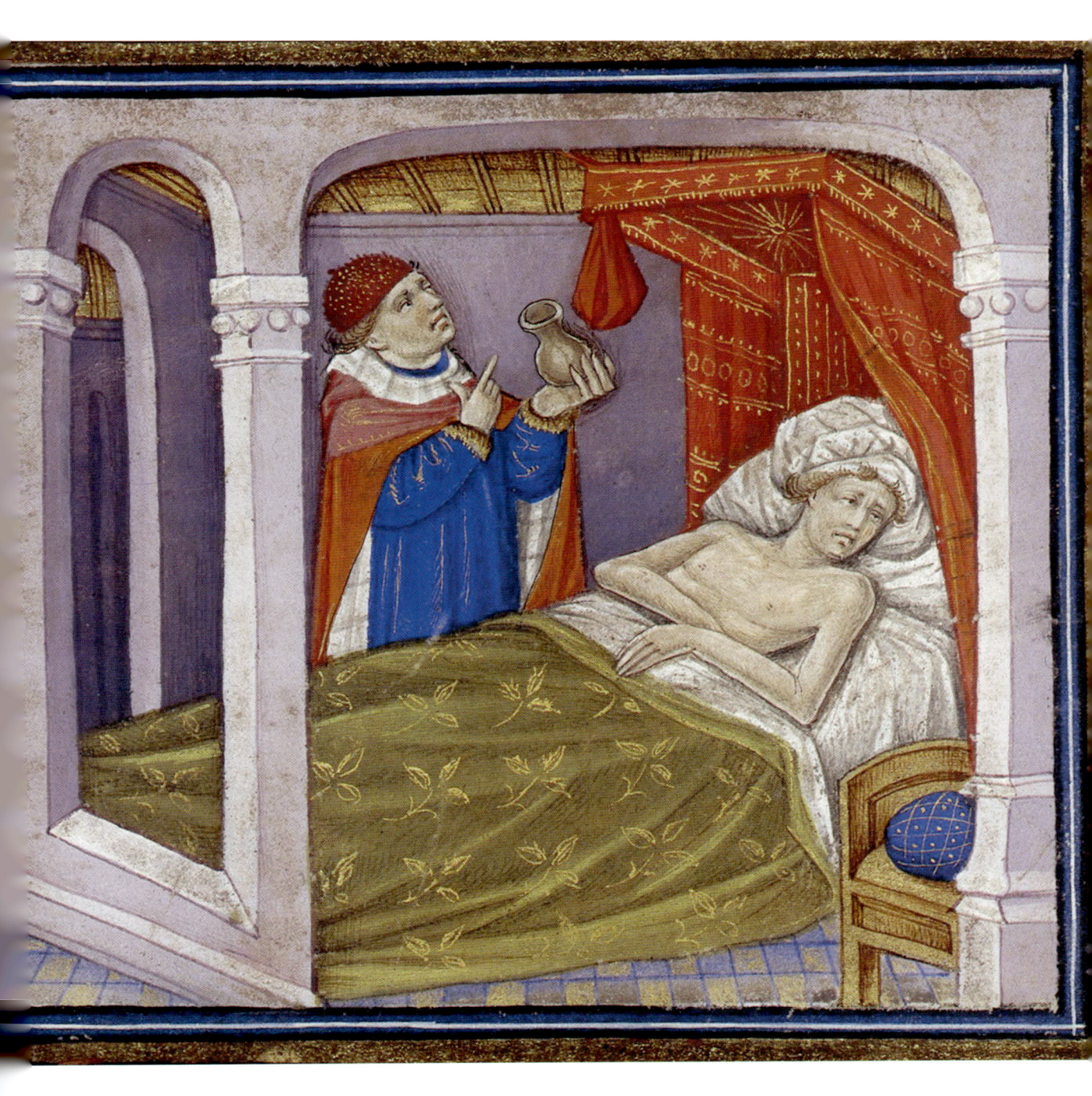

**Au Moyen Age, toute denrée rare et coûteuse est spontanément perçue comme « bonne pour la santé ».
C'est pourquoi les médecins médiévaux n'hésitent pas à prescrire les épices à leurs patients aisés.** BnF, Ms fr 135, f° 223. Photo BnF.

Les épices voyagent par terre et par mer le long des fameuses « routes des épices ».
BnF, Ms fr 2810, f° 188v, xvᵉ siècle. Photo BnF.

Une dernière raison – mais pas la moindre – de l'engouement des élites médiévales pour les épices est de nature « sociale ». A toutes les époques et dans toutes les sociétés humaines, certains aliments se sont vu attribuer une fonction de *distinction*. Cela signifie que leur consommation par une personne ou un groupe social répond avant tout au désir de se distinguer des autres individus ou groupes, considérés comme socialement inférieurs. Au Moyen Age, les épices répondaient parfaitement à ce souci de distinction : l'emploi fréquent et abondant de ces denrées rares et hors de prix constituait en effet un moyen d'affirmer aux yeux de tous son rang de « puissant » et son prestige. Ainsi, plus le mangeur occupait une position sociale élevée, plus il se devait de consommer et d'offrir à ses hôtes des plats généreusement épicés. La quantité totale d'épices ingérées quotidiennement, mais aussi leur diversité et leur rareté étaient ainsi en rapport étroit avec le degré de noblesse du mangeur.

Entre les différentes épices, le Moyen Age établissait un classement qui correspondait, là encore, à la hiérarchie sociale : les plus prestigieuses étaient destinées aux individus les plus nobles, aux couches sociales les plus élevées. On les nommait « menues épices », car en raison de leur prix exorbitant elles n'étaient commercialisées qu'en toutes petites quantités. La noix de muscade, la graine de paradis, le macis, le garingal, le poivre long, le nard ou encore le cubèbe en faisaient partie. *A contrario*, les épices un peu plus courantes, vendues en gros, étaient « abandonnées » aux personnes de condition sociale (un peu) moins élevée. C'était le cas du gingembre, de la cannelle, du safran, des clous de girofle ou encore du poivre rond (notre poivre actuel). Ce dernier avait vu son prix diminuer au point qu'à la fin du Moyen Age, même les gens de condition modeste pouvaient en acquérir. Devenu commun, ce poivre rond perdait dès lors tout intérêt pour les estomacs aristocratiques qui lui préféraient d'autres espèces de poivre, bien plus chères, comme le cubèbe ou le poivre long.

La quête des épices a eu des conséquences extrêmement importantes. Elle a notamment suscité les grandes découvertes des XVe et XVIe siècles. Auparavant, plusieurs voies terrestres permettaient de relier les pays d'Orient, terres d'origine de la plupart des épices, à l'Europe occidentale. Au début du XIVe siècle, la route mongole des épices part de Chine et aboutit sur les rives de la mer Noire. Les grands marchés des épices orientales sont alors Beyrouth et Alexandrie. En Europe, le commerce des épices fait la fortune de Gênes et de Venise, ports spécialisés dans cette activité maritime… que perturbera, en 1453, la prise de Constantinople par les Turcs ottomans. Le Moyen Age s'achève avec la découverte de l'Amérique par Christophe Colomb et l'ouverture, par Vasco de Gama, de la première route maritime contournant l'Afrique. C'est alors au tour des Espagnols et des Portugais de détenir le monopole du commerce des épices avant d'être eux-mêmes détrônés à la fin du XVIe siècle par l'expansion coloniale des Anglais et des Hollandais. Mais l'essor du commerce des épices rend ces produits plus accessibles aux populations européennes et, du coup, leur prix diminue. Dès lors, ces produits d'exception perdent peu à peu leur fonction de distinction sociale. Ils vont progressivement être délaissés au profit de nouveaux « marqueurs sociaux » : à la Renaissance, le sucre, de nombreux légumes ou encore les agrumes joueront ce rôle jusqu'à ce qu'ils soient eux-mêmes remplacés, aux siècles suivants, par les nouveaux aliments « à la mode » : le café, le thé et le chocolat.

A la faveur de ses pérégrinations en Asie, le Vénitien Marco Polo fait découvrir de nouvelles épices à ses contemporains.
BnF, Ms fr 2810, f° 4, XVe siècle.
Photo BnF.

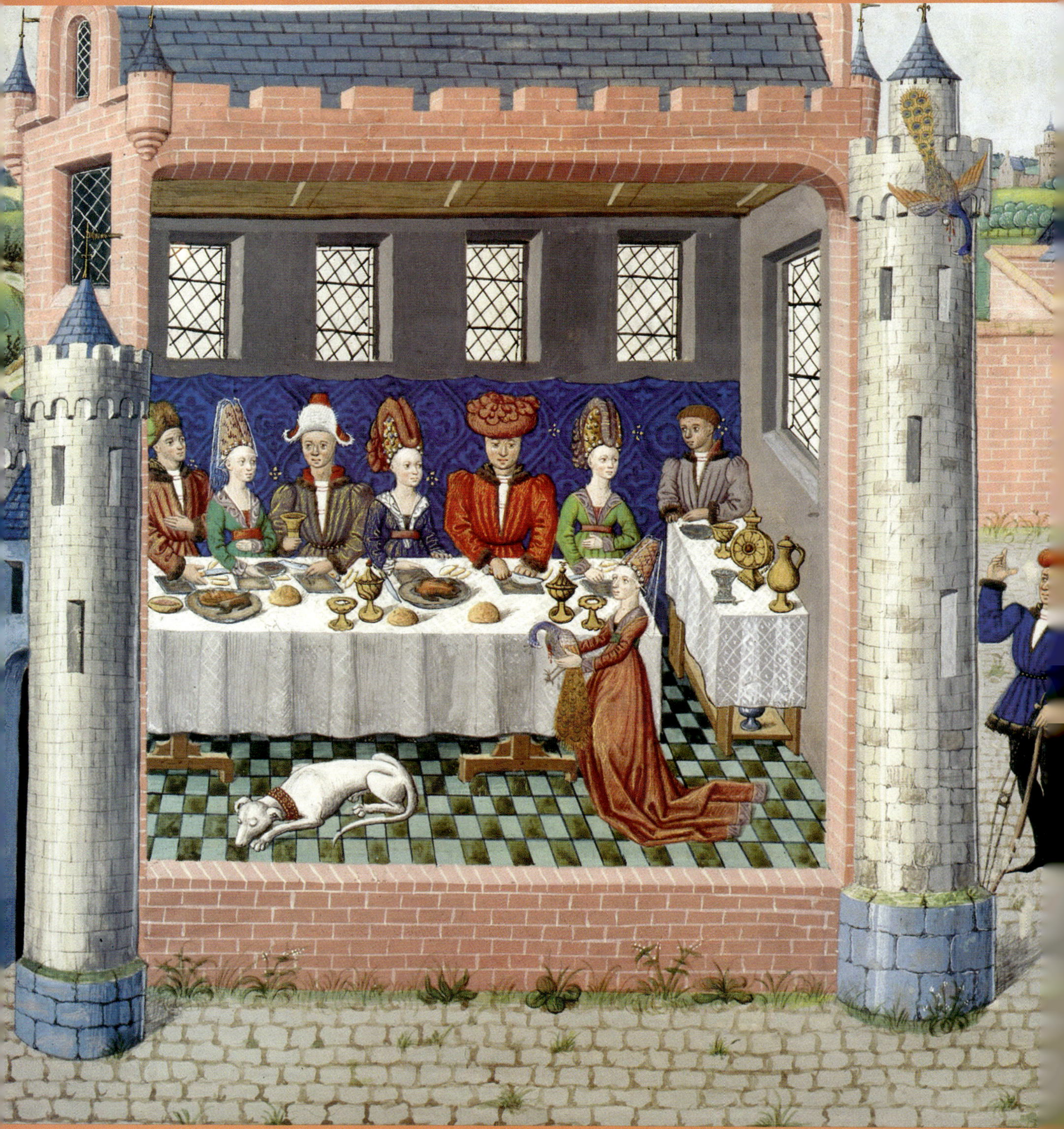

Mobilier, ustensiles et manières de table

Au Moyen Age, la notion de « salle à manger », c'est-à-dire de pièce dédiée de manière permanente aux repas, n'existe pas. Chez les paysans et les citadins pauvres, c'est dans l'unique pièce à vivre du logement que l'on mange. Dans les châteaux, les palais princiers, les hôtels aristocratiques et les grandes demeures bourgeoises, on prend les repas dans la pièce que l'on juge la plus appropriée aux circonstances : en hiver, et si l'on n'est pas nombreux, on choisit un petit espace bien chauffé tandis que, pour une réception d'importance, la vaste salle d'apparat – éventuellement complétée par d'autres pièces – est tout indiquée. Ce choix est d'autant plus aisé à concrétiser qu'il n'existe pas (ou peu) de tables de repas fixes. Lorsqu'approche le moment de manger, on pose une planche sur des tréteaux, matériel que l'on range dans un coin à l'issue du repas. C'est de cette pratique que viennent les expressions « dresser » la table ou « mettre » la table : à l'époque médiévale, elles devaient être comprises au sens littéral du terme.

Page de gauche
Les repas des princes et des nobles sont souvent servis dans la salle d'apparat du château. Un meuble, le dressoir (situé à droite de l'enluminure) permet au seigneur d'exhiber sa luxueuse vaisselle de table. BnF, Ms fr 9342, f° 55v, xve siècle. Photo BnF.

La table du repas : de simples planches déposées au dernier moment sur des tréteaux. C'est l'origine de l'expression « dresser la table ».
BnF, NAL 3116, f° 1v, xve siècle. Photo BnF.

Ci-dessous
Le nombre et la qualité des nappes permettent de manifester la richesse du maître des lieux.
BnF, Ms latin 1171, f° 55v, xv siècle. Photo BnF.

Page de droite
Les convives sont assis sur des bancs. De là vient le mot « banquet »...
BnF, Ms fr 288, f° 75. Photo BnF.

Lors des réceptions, les tables sont donc « dressées » dans la plus belle salle du château ou du palais, dont le sol est généralement carrelé. Mais il arrive que l'on mange dans des pièces plus modestes, au sol en terre battue. Dans les deux cas, on recouvre ce dernier de foin, de paille, de joncs (c'est la *jonchée*) ou encore d'herbes et de fleurs odorantes qui dégagent de subtils parfums censés purifier un air réputé malsain en période d'épidémie. Sur la nappe elle-même, on parsème des pétales de fleurs…

En dehors des personnes de haut rang, qui bénéficient de sièges individuels, la plupart des convives prennent place sur de simples bancs, dont le nom sera à l'origine du mot « banquet ».

En raison de sa modestie – un simple assemblage de planches posées sur des tréteaux de bois – la table de repas ne permet pas de manifester la richesse du maître des lieux. C'est la nappe, ou plus exactement les nappes, qui vont remplir cette fonction. Les riches demeures en possèdent un très grand nombre, épaisses et de grande qualité, et qui sont renouvelées bien avant que la trame ne présente les premiers signes d'usure. Tissées de chanvre ou de lin, elles se doivent d'être éclatantes de blancheur, une couleur qui revêt une très grande importance symbolique : associé à la lumière divine, le blanc est synonyme de pureté et, par extension, d'innocence et de virginité. Il symbolise aussi la sérénité (les cheveux blancs du vieillard) ainsi que la paix (c'est à partir de la guerre de Cent Ans que s'est généralisé l'usage, pour demander l'arrêt des hostilités, de brandir un drapeau blanc couleur s'opposant au rouge de la guerre).

Sur les tables de banquet est donc disposée une nappe blanche que l'on nomme *doublier* car elle est repliée en deux. On y ajoute une *longière* : placée sur le bord de la table, du côté des convives, cette longue et étroite bande de tissu permet de s'essuyer les mains et la bouche. En effet, l'usage de serviettes individuelles est encore rare et ne commencera à se répandre qu'à partir de la Renaissance.

MOBILIER, USTENSILES ET MANIÈRES DE TABLE 109

N ceste partie dist le compte que quant messire gauuain et gaheriet furēt montez pour aler apres le cheua

Page de gauche
Pris (avec les doigts) dans un plat qui est commun à plusieurs convives, les aliments solides sont ensuite déposés sur des *tranchoirs* (au premier plan). Ces tranches de pain à la mie compacte font office d'assiettes tout au long du Moyen Age. Bibliothèque nationale de Turin, Italie, Ms fr *Le Roman du roi Arthur et des compagnons de la Table Ronde* de Chrétien de Troyes, XIVᵉ siècle. Photo Dagli Orti.

Ce pichet en céramique date de la fin du Moyen Age. Musée national du Moyen Age, Paris, XVᵉ siècle. Photo RMN, Jean-Gilles Berizzi.

Le même gobelet sert à plusieurs convives, de même que le tranchoir que l'on partage avec son voisin de table qui deviendra, pour cette raison, le « co-pain ». Musée national du Moyen Age, Paris, XIVᵉ siècle. Photo RMN, Jean-Gilles Berizzi.

Si la fourchette n'apparaît en France qu'à partir de la Renaissance, la cuiller est en revanche présente sur toutes les tables médiévales. Musée national du Moyen Age, Paris, XVᵉ siècle. Photo RMN, Franck Raux.

Tout au long du millénaire médiéval, les mangeurs n'utilisent ni assiette ni fourchette : ces ustensiles ne feront leur apparition en France qu'au XVIᵉ siècle. Les aliments liquides ou semi-liquides (soupes et bouillons, sauces, porées…) sont versés dans des écuelles, en bois ou en métal plus ou moins précieux selon la richesse de leurs propriétaires. Si la cuiller est utilisée, elle l'est seulement comme louche et c'est directement à l'écuelle qu'on boit les bouillons. Les aliments solides tels que les viandes et les poissons sont pris directement dans les plats posés devant les mangeurs, soit au moyen du couteau, soit avec les trois premiers doigts de la main droite. Ces nourritures sont ensuite déposées sur le *tranchoir*, tranche de pain à la mie dense qui fait office d'assiette et recueille les graisses, jus ou sauces qui s'écoulent des aliments. A l'issue du repas, ces tranchoirs sont récupérés pour nourrir les chiens qui ne cessent de rôder autour des tables… ou pour être distribués aux pauvres. Sauf chez les plus démunis qui n'en possèdent pas, le tranchoir est posé sur un *tailloir*, simple planchette de bois ou plaque de métal précieux, de forme circulaire ou rectangulaire.

Le vin et l'eau sont versés dans des gobelets ou des coupes de métal (le verre est encore un matériau fort rare et donc très coûteux). Contrairement à nos usages actuels, les carafes de vin ne sont pas laissées sur les tables à la disposition des convives. Pour se désaltérer, il faut faire un signe à l'échanson, l'officier de bouche chargé du service du vin : celui-ci s'approche alors et réalise le mélange vin-eau, dont le dosage correspond aux souhaits personnels de chaque buveur.

A l'exception des Grands qui disposent de couverts individuels, la plupart des convives doivent partager avec leur voisin de table écuelle, gobelet, cuiller et tranchoir (de là viendrait le mot « copain », celui avec qui on partage son tranchoir, c'est-à-dire sa tranche de pain). En revanche, le couteau est souvent la propriété personnelle de chaque mangeur qui le sort au moment du repas.

Le maître de maison profite des réceptions qu'il organise pour exhiber sa vaisselle de table. Une fois de plus, le but recherché est de susciter l'émerveillement de ses invités. Chez les plus riches, cette vaisselle peut comporter des milliers de pièces de grande valeur : la plupart sont en argent, mais certaines sont en or et incrustées de pierres précieuses. Un meuble – le buffet – a précisément pour fonction de mettre en valeur les plus belles. Il est de bon ton qu'avant de prendre place à table les convives s'extasient devant la splendeur des coupes, bassins et aiguières exposés !

La *nef*, pièce d'orfèvrerie en forme de navire qui sert à ranger les couverts, le sel et les épices du seigneur manifeste l'importance sociale de ce dernier. BnF, Ms fr 111, f° 22v, xve siècle. Photo BnF.

Devant le seigneur, est placé un autre objet précieux : la *nef*. En forme de navire, cette pièce d'orfèvrerie en or ou en argent, parfois ornée de pierreries et d'émaux, reçoit les couverts personnels du maître de maison (son gobelet, sa cuiller, son couteau) ainsi que le sel et les épices qu'il utilise lors des repas. Les princes les plus riches peuvent posséder plusieurs dizaines d'exemplaires de ces nefs, pesant jusqu'à quatre-vingts kilos et hautes de près d'un mètre !

De l'importance des bonnes manières de table

Dans l'univers de la haute société médiévale, les « bonnes manières » de table revêtent une grande importance et font l'objet de descriptions précises. Il en est de même des règles et du protocole visant à assurer la bonne marche du service. Il est capital en effet que les jeunes gens issus de la noblesse apprennent les comportements « courtois » (c'est-à-dire en usage à la Cour) relatifs à l'acte de manger et à celui de servir les puissants. Obéissant à une étiquette très stricte, les règles à observer sont formalisées sous des formes variées : courts « aide-mémoire » rédigés en vers comme le texte ci-dessous ou traités explicitant en détail les « contenances de table » à respecter.

Caractéristique de la table médiévale, la grande promiscuité des mangeurs – on partage avec son voisin couverts et tranchoir – n'est donc pas sans limites. A la Renaissance, l'attention portée aux « bonnes manières de table » connaîtra son apogée. Le XVIe siècle place en effet l'homme au centre du monde : dès lors, son comportement doit, en toutes circonstances, être irréprochable. Un ouvrage, publié en 1536 sous le titre *De civitate morum puerilium*, disserte de l'éducation des enfants et dispense de nombreux conseils pratiques sur la bonne façon de se tenir à table. Son auteur n'est autre que le grand Erasme, le « prince des humanistes »…

Si, tout au long du Moyen Age, on mange avec ses doigts, il n'en fallait pas moins respecter certaines « contenances de table ».
BnF, Ms latin 11156B, f° 1, XVe siècle. Photo BnF.

« Enfant qui veut être courtois,
Et à toutes gens agréable,
Et principalement à table,
Garde ces règles en françois ;

Lave tes mains,
A ton lever, à ton dîner
Et puis au souper sans finasser :
c'est trois fois à tout le moins.

[…] Aie en toi remords
De t'en garder si tu y as failli :
Ne présente à personne
Le morceau que tu auras mordu.

[…] Ce t'est chose honteuse,
Si tu as serviette ou drap,
De boire dans un hanap
Avec la bouche sale et baveuse. »

Extraits d'un recueil de
bonnes manières de table, XVe siècle.

Confabulatio
Das Gespräch

Confabulatio n̄a est vna cū̄ z sōpm̄ Elt quietus ne nolentib dormiē
... delectantib ipa meliorat ...

En cuisine...

Du simple foyer ouvert aux grandes cuisines princières

Dans la modeste maison paysanne, les repas sont préparés sur un foyer ouvert, souvent disposé à même le sol de terre battue et situé au centre ou dans un coin de la pièce d'habitation principale (ou, le plus souvent, unique). Ce foyer est également la seule source de chaleur, voire de lumière, de la demeure. Une simple ouverture aménagée dans le toit permet à la fumée de s'échapper, mais aussi au froid, au vent et à la pluie de pénétrer dans la maison. En ville, la situation est différente : la plupart des familles d'ouvriers et de domestiques vivent dans des logements exigus et ne disposent même pas d'un foyer pour cuire leurs aliments. Elles ont alors recours aux vendeurs ambulants : pâtissiers qui confectionnent pâtés, flans, tartelettes et beignets, « oubloyers » qui vendent des hosties non consacrées nommées *oublies*. Elles s'approvisionnent également aux nombreuses échoppes des charcutiers, rôtisseurs, traiteurs et « oyers « (vendeurs d'oies et de volailles rôties) qui proposent une grande variété de plats que l'on peut manger sur place, dans la rue ou emporter chez soi.

L'équipement de base de la cuisine des pauvres comporte le chaudron que l'on pend à la crémaillère, différents pots, poêlons et marmites de terre que l'on pose sur un trépied qui les isole du contact direct avec les braises et, enfin, la poêle de fer. Ces ustensiles correspondent aux trois principaux types de cuisson utilisés : l'ébullition, la cuisson lente à l'étouffée et la friture. En revanche, grils et broches ne se rencontrent que dans les demeures de gens aisés. De même, les maisons sont rarement pourvues d'un four particulier : les seigneurs imposent en effet l'usage collectif du four banal, moyennant redevance.

Seules les demeures des princes, des seigneurs et des riches bourgeois disposent d'une pièce spécifique pour la préparation des repas. Equipée d'une ou de plusieurs grandes cheminées, cette cuisine est parfois éloignée des pièces où l'on vit, de façon à limiter le risque de voir les incendies se propager. Parfois, un passage couvert relie cuisine et corps de logis, ce qui permet d'éviter que les plats ne refroidissent trop pendant le trajet.

Page de gauche
Dans les modestes demeures villageoises, on prépare les repas sur un foyer ouvert qui chauffe et éclaire la pièce dans laquelle on cuisine, mange et dort tout à la fois.
BnF, Ms latin 9333, f° 97v, xve siècle. Photo BnF.

Les riches peuvent s'offrir le luxe d'une véritable cheminée mais aussi d'une cuisine séparée des pièces où l'on mange.
BnF, NAL 1673, f° 55v, xve siècle. Photo BnF.

Chez les puissants, ce sont exclusivement des hommes qui travaillent en cuisine.
BnF, Ms fr 218, f° 373. Photo BnF.

Les cuisines aristocratiques : un univers exclusivement masculin

Dans les milieux populaires, aussi bien en ville qu'à la campagne, les tâches culinaires sont l'affaire des femmes. C'est en observant leur mère ou toute autre femme expérimentée que les maîtresses de maison et les servantes ont appris les recettes, savoir-faire et gestes qu'à leur tour elles transmettront à leurs filles. Chez les Grands, en revanche, ce sont exclusivement des hommes qui prennent en charge la préparation des repas quotidiens tout comme celle des banquets d'exception. Ces professionnels de la cuisine sont appelés « queux » et non « cuisiniers » : ce dernier terme désigne les traiteurs, qui vendent dans une échoppe donnant sur la rue les plats qu'ils ont eux-mêmes préparés.

Dans les cuisines des riches aristocrates s'affaire une « brigade » au sein de laquelle règne une stricte hiérarchie. A la première place figure le « maître queux » ou « premier queux » (nous dirions aujourd'hui le « chef »). C'est un personnage qui suscite le respect et, s'il a un grand talent, la convoitise des princes qui se l'arrachent à prix d'or. Juché sur une chaire ou une chaise haute, il voit tout et peut ainsi surveiller le déroulement des préparatifs du repas. Il dirige son équipe d'une voix ferme et d'une main qui ne l'est pas moins : celle-ci est en effet munie d'une grande louche de bois qui – nous explique un des chroniqueurs de la cour de Bourgogne – ne lui sert pas seulement à « essayer potages et brouets » mais aussi à « chasser les enfants hors de la cuisine, afin qu'ils fassent leur devoir, et pour leur frapper dessus si besoin est ».

Le personnel sur lequel règne le maître queux peut être fort nombreux : à la fin du Moyen Age, plus de soixante-dix personnes travaillent en permanence dans les cuisines du roi de France. Les tâches sont très spécialisées : aux queux qui assistent le premier d'entre eux, s'ajoutent des sauciers, des poissonniers, des potagiers et des « hasteurs » chargés des rôts (le mot vient du latin *hasta* qui désignait la lance : la viande ou la volaille étaient en effet embrochées sur de longs bâtons). Ces rôtisseurs sont aidés par de très jeunes marmitons, appelés « happelopins » (ou « galopins ») de cuisine et dont une des tâches est de tourner la broche installée au-dessus des braises. Braises que sont chargés d'entretenir les « souffleurs » et qu'alimente le bois apporté par les « bûchers ». Mais ces enfants de cuisine ont bien d'autres tâches : éplucher et couper les légumes, écailler et nettoyer les poissons, plumer et vider les volailles, balayer, débarrasser les tables de travail et laver les ustensiles, tout cela pour recevoir à peine de quoi manger et, de temps à autre, quelques bonnes raclées ! A ce personnel déjà nombreux s'ajoutent encore les broyeurs (qui écrasent les ingrédients à l'aide d'un pilon et d'un mortier), les garde-manger (qui surveillent les réserves de viande), les porteurs d'eau…

Quand les médecins rédigent des recettes de cuisine

Les livres de cuisine n'apparaissent que tout à la fin du Moyen Age. Mille ans s'écoulent donc entre l'écriture, au IVe siècle, du *De re coquinaria* attribué au Romain Apicius et les premiers ouvrages de recettes rédigés par des maîtres queux médiévaux. Cette absence peut s'expliquer en partie par le fait que l'Eglise rangeait la *gula* – la gourmandise – parmi les sept péchés capitaux, et n'avait de cesse d'exhorter les puissants à modérer leur féroce appétit et à alléger leurs tables débordant de victuailles. Dans ce contexte de condamnation du plaisir, tout manuscrit explicitement voué à la satisfaction des désirs alimentaires risquait de s'attirer les foudres des autorités ecclésiastiques. Ce n'est qu'à partir du XIVe siècle que les premiers ouvrages culinaires font leur apparition : les mentalités ont évolué et la position de l'Eglise est devenue moins intolérante vis-à-vis des plaisirs de la table.

Pendant une très longue période, il ne fut donc question d'alimentation que dans les documents traitant des plantes sauvages et cultivées (herbiers, traités d'agriculture) et dans les livres de médecine. Suivant en cela l'exemple de leurs illustres prédécesseurs de

Le Moyen Age reste fidèle aux enseignements des médecins de l'Antiquité. Les aliments jouent un rôle clé dans la santé dans la mesure où ils permettent de maintenir ou de rétablir l'équilibre des fluides (ou « humeurs ») qui circulent dans le corps. Bodleian Library Oxford, Ashmole 399, f° 18r, XIIIe siècle. Photo Dagli Orti.

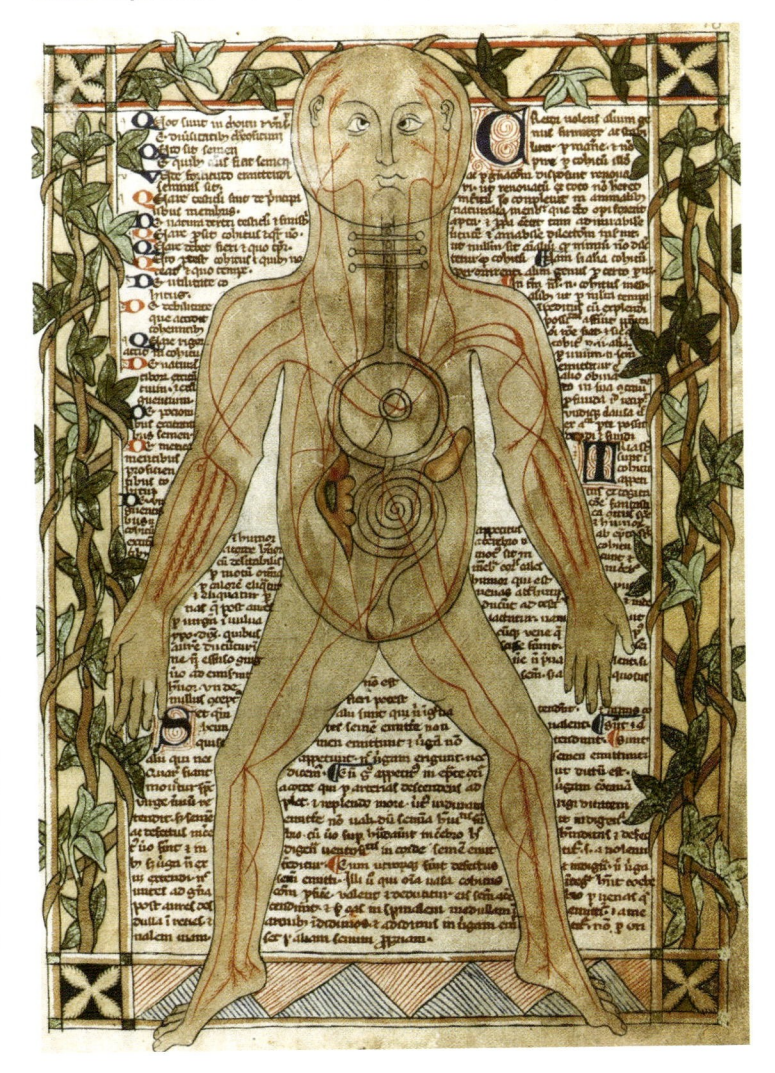

l'Antiquité (Hippocrate, Galien), les médecins du Moyen Âge se préoccupent beaucoup de diététique. Certains décrivent dans des ouvrages les aliments et les régimes qu'ils conseillent à leurs patients pour les aider à recouvrer la santé ou, simplement, à maintenir leur bonne forme physique. Ces praticiens étaient bien forcés de reconnaître leur fréquente impuissance à guérir le mal une fois celui-ci déclaré. C'est pourquoi, ils misaient beaucoup (déjà !) sur la prévention et attribuaient à l'alimentation le pouvoir d'empêcher la survenue d'une maladie. Au XIe siècle, le *Tacuinum Sanitatis* (ou « tableau de santé ») – ouvrage rédigé par un médecin arabe de Bagdad – décrit de nombreux aliments et mets en précisant leurs intérêts et inconvénients pour la santé ainsi que le type de personnes ou de conditions à qui ils conviennent plus particulièrement. Par exemple, la viande mijotée, à condition qu'elle soit « bien cuite », est jugée « particulièrement bénéfique pour les complexions froides et humides, les vieux, en hiver et dans les régions septentrionales ». Au XIIIe siècle, paraît le premier manuscrit de ce type rédigé en français. Intitulé *Le Régime du corps*, il est l'œuvre d'Aldebrandin de Sienne, médecin de la famille du duc de Savoie.

Les herbiers médiévaux préconisent la consommation de nombreuses plantes sauvages dont ils détaillent les conditions de récolte et d'emploi, ainsi que les bénéfices pour la santé. Bodleian Library Oxford, Ashmole 1462, f° 15v-16r, XIIIe siècle. Photo Dagli Orti.

« Un bon cuisinier est à moitié médecin »

Par cette phrase, Andrew Boorde – un médecin anglais qui n'appartient déjà plus au Moyen Age puisqu'il l'écrit en 1547 – montre à quel point, en Europe, médecine et cuisine ont été intimement liées. Cette imbrication étroite a commencé dès l'Antiquité pour ne s'achever qu'à la fin du XVIIe siècle. Les ouvrages de médecine que nous venons d'évoquer, et dans lesquels figurent des recettes pour les malades mais aussi pour les bien portants, influenceront fortement les auteurs des premiers traités culinaires. En cuisinant, ces derniers auront toujours présents à l'esprit les bienfaits pour la santé des mets qu'ils préparent. L'utilisation des épices afin de rendre les aliments plus digestes en témoigne, de même que les modes de cuisson appliqués aux différents types de viande. Ainsi, par exemple, le bœuf et le porc salé sont bouillis car, selon la classification diététique de l'époque, ils sont considérés comme des viandes « sèches » ; à l'inverse, le mouton et le porc frais qui sont qualifiés de viandes « humides » sont rôtis en vue d'extraire cet excès d'humidité préjudiciable à leur bonne digestion. Dans de très nombreuses langues européennes (mais pas en français), l'étymologie rappelle la proximité originelle entre la médecine et la cuisine. C'est en effet le même mot – *recipe* en anglais, *Rezept* en allemand, *receta* en espagnol, *ricetta* en italien… – qui désigne à la fois l'ordonnance délivrée par le médecin et la recette du cuisinier, mot qui vient du latin *recepta* signifiant la « chose reçue ».

Extraite d'un ouvrage de médecine datant de la fin du XIVe siècle, cette enluminure est intitulée « cure d'une malade avec un potage à l'orge ».
Bibliothèque nationale d'Autriche, Vienne, series nova 2644, f° 44v, fin XIVe siècle. Photo Archives Alinari, Florence, Dist RMN.

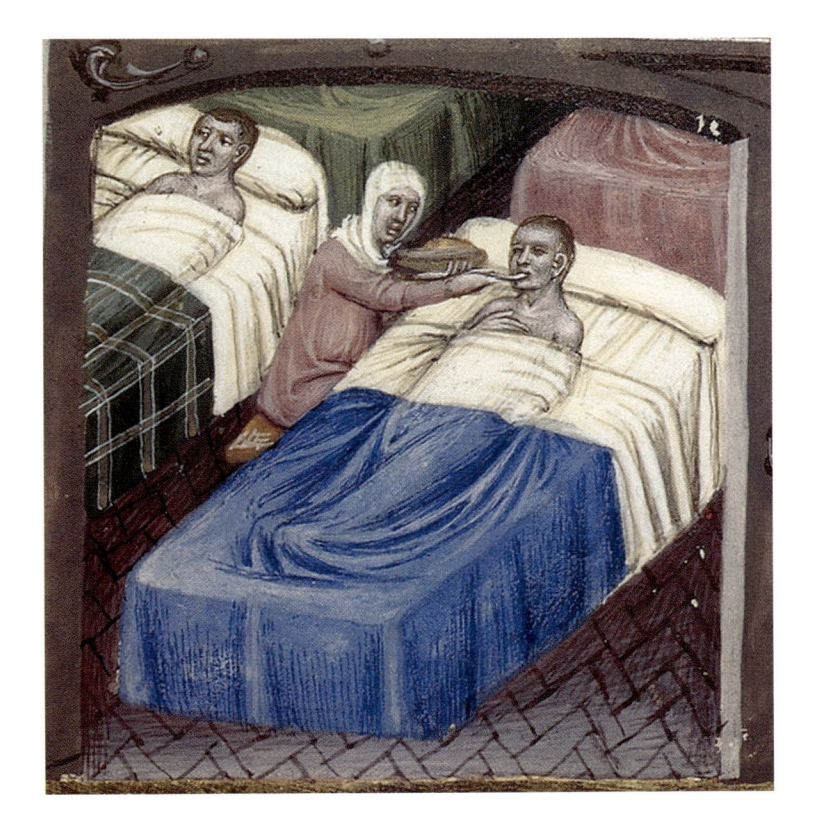

Tout au long du Moyen Age, la diététique constitue une branche majeure de la médecine. On soigne les malades et on maintient la santé des bien portants en leur prescrivant certains aliments, recettes et modes de cuisson particuliers.
BnF, Ms latin 8846, f° 106, XIVe siècle. Photo BnF.

EN CUISINE... 119

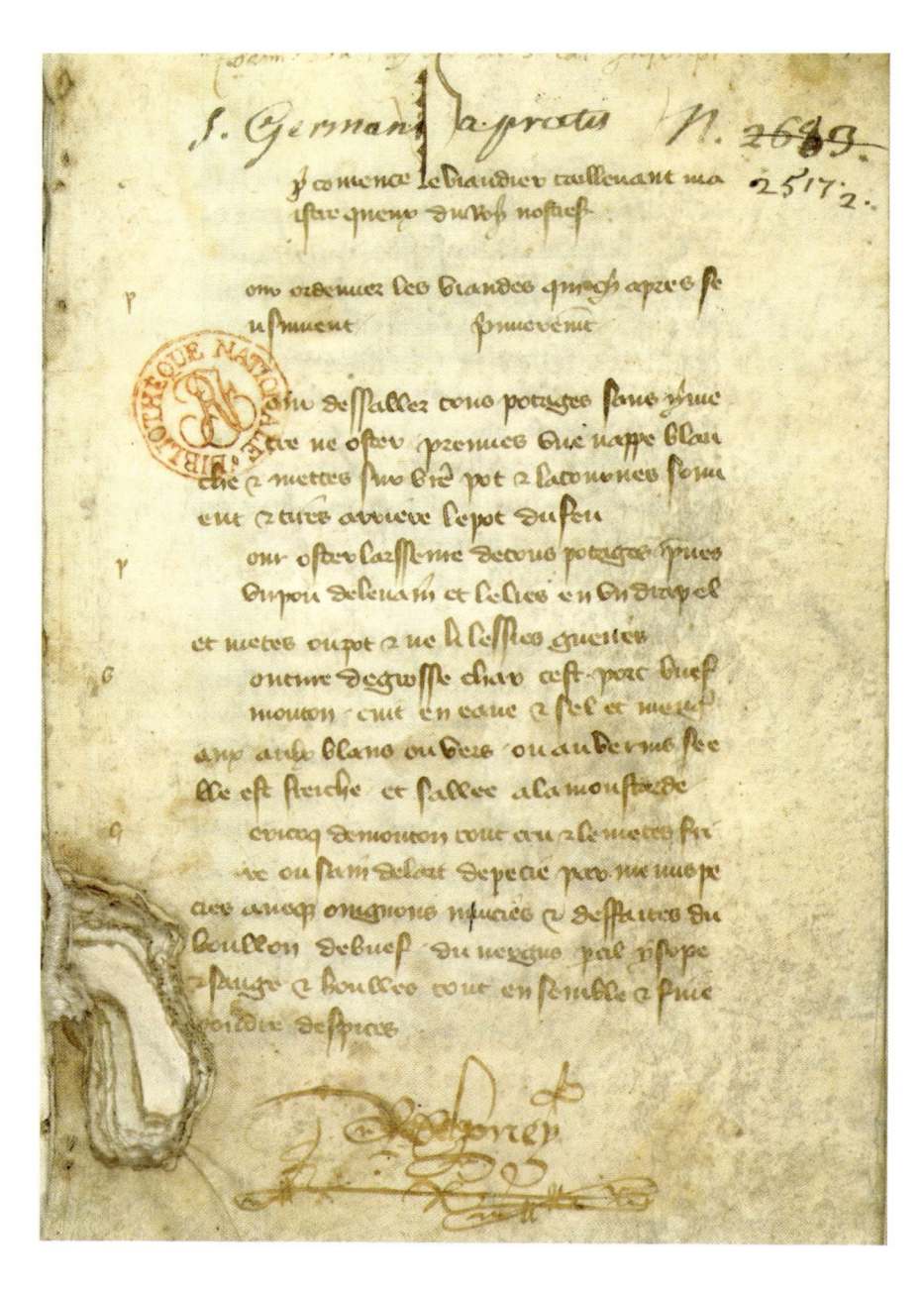

Le « Viandier » est l'un des très rares livres de cuisine que nous a légués le Moyen Âge. Son auteur, Taillevent, a servi quatre rois de France tout au long du XIVe siècle.
BnF, Ms fr 19791, f° 1, XIVe siècle.
Photo BnF.

« Cy comence le Viandier de Taillevent, Maistre queux du Roy notre sire pour ordonner les viandes qui cy après s'ensuivent. »

Précédé de quelques décennies seulement par trois ou quatre recueils de recettes, l'ouvrage intitulé *Le Viandier* est le premier à porter une signature : celle de « Taillevent », qui était le sobriquet dont avait été affublé dans son jeune âge le maître queux Guillaume Tirel. L'usage du sobriquet était courant à l'époque mais, dans le cas particulier de Taillevent, on ne sait si cela faisait référence à un caractère physique distinctif – peut-être un long nez qui « taillait le vent » lorsque son propriétaire se déplaçait – ou à la rapidité avec laquelle ce dernier accomplissait son travail. Né en Normandie au début du XIVe siècle, le petit Guillaume est mis à travailler très jeune dans les cuisines de Jeanne d'Evreux, qu'il suivra lorsque celle-ci deviendra reine de France en épousant Charles IV. Le jeune homme passe ensuite successivement au service des rois Philipe VI de Valois, Charles V et enfin Charles VI qui l'anoblit. Fait exceptionnel pour l'époque, Taillevent est mort à plus de 80 ans, ce qui lui a permis de travailler au service de quatre rois de France ! C'est probablement à la demande de Charles V que Taillevent rédige son *Viandier* dans les années 1370, alors qu'il est déjà âgé d'une soixantaine d'années. Le succès est immédiat et de nombreuses copies sont réalisées, à chaque fois complétées mais aussi légèrement modifiées par les copistes. Ce *Viandier*, rappelons-le, ne traite pas des seules « viandes » de gibier et de boucherie mais de toutes les nourritures « qui servent à la vie » des hommes. Il fournit de précieuses indications sur les habitudes alimentaires et les pratiques culinaires en vigueur à la cour des rois de France au XIVe siècle. Près de cent ans après la mort de Taillevent, en 1486, une version imprimée est publiée, qui permet à cet ouvrage emblématique de la cuisine médiévale d'être encore plus largement diffusé dans toute l'Europe.

Peu de temps après Taillevent, d'autres auteurs rédigeront eux aussi des livres de cuisine. Certains connaîtront un succès durable, mais sans réellement innover par rapport au *Viandier*. Ainsi, par exemple, dans les toutes dernières années du XIVe siècle, un riche bourgeois (peut-être un magistrat) rédige *Le Mesnagier de Paris*. L'auteur, qui a gardé l'anonymat, y enseigne à sa toute jeune épouse la manière de « prendre soin du mari et de la maison ». Ce traité d'économie domestique retranscrit, en les modifiant légèrement, pas moins de cent vingt recettes puisées dans *Le Viandier*.

Des recettes non codifiées

Sauf rares exceptions, les recettes médiévales n'indiquent pas la quantité précise des différents ingrédients qu'elles requièrent. Leurs auteurs restent très vagues et se contentent d'adjectifs et adverbes tels que « grant foyson » (beaucoup), « assez » ou encore « un pou » (un peu). Il en est de même en ce qui concerne les durées de cuisson. Le cuisinier consent tout au plus à noter « sans trop laissier cuire » ou conseille de vérifier que les ingrédients « ne boullent mie (pas) trop fort ». La raison en est qu'à la différence d'aujourd'hui, ces maîtres queux ne livrent pas leurs recettes au « grand public » mais à leurs confrères, qui disposent d'un savoir-faire et d'un talent créatif rendant inutile ce genre de précisions. Notons également que dans tous les livres de recettes médiévaux, deux périodes – et donc deux types de mets – sont clairement distinguées. Le temps de *Charnage*, qui correspond aux jours gras où la consommation de « chair » est autorisée s'oppose au carême et aux jours maigres. Souvent, un chapitre spécifique – intitulé *Viandes de Quaresme* dans l'ouvrage de Taillevent – est consacré aux recettes de poisson, plats de jours maigres.

Ce n'est qu'à la toute fin du Moyen Age que les « queux » disposent enfin de livres de cuisine leur permettant de tester de nouvelles recettes.
BnF, Ms fr 9140, f° 361v, XVe siècle.
Photo BnF.

De gauche à droite
Broyage d'épices pour la confection de la *cameline*, une des sauces les plus appréciées dans les derniers siècles médiévaux ;
BnF, Ms Italien 1108, f° 49v, xve siècle. Photo BnF.

Soutirage de verjus. Le plus souvent fabriqué à partir de jus de raisin « vert » (pas encore mûr), ce condiment confère aux plats médiévaux une saveur acide très prisée à l'époque.
BnF, Ms Italien 1108, f° 49v, xve siècle. Photo BnF.

Des sauces épicées mais aussi acides et « maigres »

Une des particularités les plus marquantes de la cuisine médiévale réside dans ses sauces. Celles-ci présentent tout d'abord la caractéristique d'être très acides. Cette acidité est obtenue en employant du vin, du vinaigre ou du verjus, comme l'indique, par exemple, la recette de la *saulce vert* (sauce verte) qui accompagne presque systématiquement le poisson : « Prennés pain, persil, gingembre, broiés bien et deffaites (délayez) de verjus et de vin aigre (vinaigre). » Le verjus, nous l'avons signalé, est obtenu à partir de raisins récoltés avant maturité. Mais si l'on ne dispose pas de ces raisins « verts », on peut recourir à des groseilles à maquereau pas encore mûres ou broyer de l'oseille, une plante dont les feuilles ont une saveur acide prononcée. Dans les régions proches de la Méditerranée, on peut aussi utiliser citrons et bigarades (oranges amères) pour donner aux plats cette acidité tellement prisée des Français… mais pas de leurs voisins anglais, italiens ou catalans qui lui préfèrent largement la saveur « douce » du sucre.

Très acides, les sauces du Moyen Age sont en outre légères : les matières grasses en sont absentes, à l'exception parfois d'un bouillon gras de viande de bœuf ou de volaille. Parmi les soixante sauces décrites dans *Le Viandier* de Taillevent et dans *Le Mesnagier de Paris*, aucune ne mentionne la présence de beurre ou d'huile, alors que la plupart de nos sauces actuelles comportent l'un ou l'autre. Contrairement à une vision répandue qui imagine la cuisine médiévale comme étant très grasse, les médecins du Moyen Age percevaient les corps gras comme des condiments dont l'usage devait être très modéré. La méfiance vis-à-vis des lipides n'est pas récente !

Troisième caractéristique, tout aussi étrange à nos yeux que les deux premières : les sauces de la cuisine médiévale sont violemment épicées. A ce propos, on observera qu'une épice y occupe une place particulière. Il s'agit du gingembre, qui est présent dans la quasi-totalité des sauces répertoriées. C'est même la seule épice qui entre dans la composition d'une sauce très prisée à l'époque : la dodine. *A contrario*, l'autre sauce emblématique de la période médiévale – la cameline – fait appel à un grand nombre d'épices mais parmi lesquelles domine toutefois la cannelle. Celle-ci, associée au pain grillé, donne à la cameline la couleur de la robe du chameau d'où l'appellation de cette sauce.

Un des manuscrits du *Viandier* en donne une recette… assez imprécise : « Broiès (broyez) gingenbre, canelle, grant foizon (beaucoup de) girofle, graine (graine de paradis), macic, poivre long qui veult (pour celui qui le veut), puis coullés (passez à l'étamine) pain trempé en vin aigre, et trempés tout et sallés à point. » On remarquera qu'il s'agit d'une sauce « non boullue » c'est-à-dire non bouillie (des livres de cuisine postérieurs proposeront cependant des recettes de camelines cuites).

Pour lier ces sauces au départ très liquides, les cuisiniers du Moyen Âge n'utilisent jamais de farine. Ils préfèrent recourir à la mie de pain. Ce dernier était d'abord grillé (pour colorer la future sauce) puis mis à tremper dans du bouillon avant d'être pilé au mortier. D'autres types de liaisons font appel aux jaunes d'œufs crus, aux foies de volaille, aux fèves, aux pois, ou encore aux amandes, celles-ci étant utilisées sous forme de poudre ou de « lait » d'amandes.

Les épices sont omniprésentes dans les sauces de la fin du Moyen Âge.
BnF, Ms arabe 2964, XIIe siècle.
Photo BnF.

Conclusion

L'alimentation et la cuisine médiévales suscitent un intérêt croissant auprès du grand public. Outre le fait que la période concernée – le Moyen Age – fascine de plus en plus nos concitoyens, les raisons de cet engouement sont multiples.

Une des explications de cet intérêt actuel pour l'alimentation médiévale est sans doute liée au fait que le mangeur contemporain déteste la routine et la monotonie alimentaires. Avide de changements et de nouveautés, il trouve ceux-ci dans les cuisines et les produits exotiques mais aussi, et de façon paradoxale, dans les aliments et les pratiques culinaires des temps anciens. Il suffit de voir l'attrait qu'exercent aujourd'hui les plats *traditionnels*, les aliments du *terroir*, les productions *fermières*, les produits alimentaires industriels mais fabriqués *à l'ancienne*... sans parler de l'irruption des « bars à soupes » dans les quartiers « branchés » de nos modernes cités. En témoignent aussi le grand retour, sur les étals de nos marchés, des variétés anciennes de poires, pommes ou tomates, la réapparition de légumes « oubliés » comme les panais, les crosnes, les cardons, les rutabagas ou encore les topinambours (d'origine américaine comme la tomate, ces derniers étaient cependant absents des tables médiévales). On pourrait encore citer la réutilisation en cuisine de nombreuses plantes sauvages qui, du Vᵉ au XVᵉ siècle, ont nourri le peuple des villes et des campagnes (roquette, pissenlits, orties, baies de sureau, etc.).

La cuisine médiévale est également synonyme de nouveauté par son utilisation abondante et variée des épices, par son goût de la couleur, par son sens de la mise en scène et du spectacle, par sa recherche de l'insolite et de l'étonnement gastronomiques, par la dimension symbolique et imaginaire dont elle entoure l'acte de manger.

Toutefois, ne nous y trompons pas : derrière ce retour vers le passé, se cache bien plus que le simple désir de rompre avec l'ennui d'une alimentation jugée trop monotone. On peut y voir l'expression d'un besoin plus profond : celui de retrouver, dans une société moderne traversée de constantes mutations, des « racines » et des repères stables. En d'autres termes, la recherche d'une réassurance alimentaire. A une époque où le consommateur se méfie du contenu de son assiette, le Moyen Age offre une vision rassurante : celle d'un monde où l'aliment était encore savoureux et sain, où il se présentait sous les traits d'un objet familier, proche et stable, d'un bien dont on connaissait l'origine et le processus agricole et artisanal de fabrication ; celle d'un âge d'or révolu où ce même aliment était le produit direct de la Nature, pas encore « transformé » par l'industrie ni « artificialisé » par la technique.

Bien entendu, cette représentation idyllique du Moyen Age comme un « paradis perdu alimentaire » n'a pas grand-chose à voir avec la réalité. A certaines périodes, le manque de nourriture tuait des masses considérables d'individus et l'homme médiéval

Le banquet aristocratique est avant tout un acte social et politique qui permet aux princes et aux seigneurs d'afficher leur richesse et leur puissance.
BnF, Ms fr 9342, f° 105v. Photo BnF.

mourait fréquemment d'intoxications alimentaires. Par ailleurs, s'agissant du goût des aliments, comment savoir si le poulet « label rouge » est, à nos papilles de consommateurs du troisième millénaire, plus flatteur ou au contraire moins savoureux que celui de la « poulaille » de l'an mil ? De même, ne serions-nous pas conduits à préférer nos modernes carottes à leurs malingres, fibreuses et blanches ancêtres médiévales ?

Sur les plans de la santé et de la « ligne », l'alimentation médiévale se voit également créditée, par les mangeurs du XXIe siècle, de nombreux atouts. La cuisine du Moyen Age était, nous l'avons indiqué, peu grasse (on n'employait ni beurre ni huile pour les sauces) et les aliments étaient généralement très peu salés et très peu sucrés.

Une autre explication de l'intérêt que suscite l'alimentation médiévale – au moins chez les plus curieux de nos concitoyens – tient sans doute au fait qu'elle renvoie à des comportements et à des pratiques qui diffèrent fortement selon les groupes sociaux. Au Moyen Age, le repas est le support privilégié de la distinction : il constitue un des moyens les plus efficaces pour manifester son statut et son rang social, afficher son degré de puissance, son prestige et sa richesse. Ainsi, connaître l'alimentation et la cuisine médiévales permet de découvrir de multiples autres aspects de la société de cette époque. Et cela est tout simplement passionnant !

Bibliographie

FLANDRIN Jean-Louis et MONTANARI Massimo dir., *Histoire de l'alimentation*, Paris, Fayard, 1996.
FOSSIER Robert, *Ces gens du Moyen Age*, Paris, Fayard, 2007.
LAURIOUX Bruno, *Le Moyen Age à table*, Paris, Adam Biro, 1989.
LAURIOUX Bruno, *Le Règne de Taillevent. Livres et pratiques culinaires à la fin du Moyen Age*, Paris, Publications de la Sorbonne, 1997.
LAURIOUX Bruno, *Manger au Moyen Age. Discours et pratiques alimentaires aux XIVe et XVe siècles*, Paris, Hachette Littératures, 2002.
MARTY-DUFAUT Josy, *Le Viandier. Recettes d'après Taillevent*, Bayeux, « Moyen Age » hors série n° 24, Editions Heimdal, décembre 2007.
MAZOYER Marcel, ROUDART Laurence, *Histoire des agricultures du monde*, Paris, Le Seuil, 1997.
MONTANARI Massimo, *La Faim et l'abondance. Histoire de l'alimentation en Europe*, Paris, Le Seuil, 1995.
REDON Odile, SABBAN Françoise, SERVENTI Silvano, *La Gastronomie au Moyen Age. 150 recettes de France et d'Italie*, Paris, Stock, 1991.
TOUSSAINT-SAMAT Maguelonne, *Histoire naturelle et morale de la nourriture*, Paris, Larousse, collection In Extenso, 1997.

Au Moyen Age, on appéciait tout autant qu'aujourd'hui les repas « sur le pouce » et en pleine nature.
Archives nationales, Lisbonne, XVe siècle. Photo Dagli Orti.

Table des matières

5 Trois groupes sociaux aux régimes alimentaires contrastés : *bellatores*, *oratores* et *laboratores*
7 A LA HIÉRARCHIE DE LA SOCIÉTÉ CORRESPOND UNE HIÉRARCHIE DES ALIMENTS
11 LE RÉGIME ARISTOCRATIQUE
14 LE MODÈLE ALIMENTAIRE MONASTIQUE
16 REPAS DE PAYSANS
21 LA FAIM AU VENTRE
23 MANGER EN CHRÉTIEN

27 Aliments agricoles, aliments sauvages
27 L'HOMME SOUMIS À LA NATURE
28 DU XIE AU XIIIE SIÈCLE : LA RÉVOLUTION AGRICOLE DU MOYEN AGE
31 LES CÉRÉALES, BASE DE L'ALIMENTATION
37 LE PAIN, L'ALIMENT VITAL
38 DE LA MOISSON À LA MOUTURE ET À LA CUISSON
41 LÉGUMES, LÉGUMES SECS ET HERBES : NOURRITURES DE PAUVRES GENS
45 DES FRUITS CULTIVÉS MAIS AUSSI SAUVAGES
46 LA « CHAIR », ALIMENT SYMBOLIQUE DES PUISSANTS
52 LE POISSON, NOURRITURE DES JOURS MAIGRES
56 LAIT, BEURRE, FROMAGES…
59 LES MATIÈRES GRASSES
61 LE MIEL ET LE SUCRE
64 LE VIN ET SES CONCURRENTS LOCAUX : CERVOISE, BIÈRE, CIDRE…

71 Festins et banquets médiévaux
72 RASSEMBLER ET, EN MÊME TEMPS, DISTINGUER
76 LE SERVICE « À LA FRANÇAISE »
77 LE DÉROULEMENT D'UN FESTIN MÉDIÉVAL
84 UN RITUEL TRÈS CODIFIÉ
88 DES ENTREMETS… EXTRAVAGANTS
92 DE LA COULEUR JUSQUE DANS LES PLATS

95 Le goût des épices

107 Mobilier, ustensiles et manières de table
113 DE L'IMPORTANCE DES BONNES MANIÈRES DE TABLE

115 En cuisine…
115 DU SIMPLE FOYER OUVERT AUX GRANDES CUISINES PRINCIÈRES
116 LES CUISINES ARISTOCRATIQUES : UN UNIVERS EXCLUSIVEMENT MASCULIN
117 QUAND LES MÉDECINS RÉDIGENT DES RECETTES DE CUISINE
119 « UN BON CUISINIER EST À MOITIÉ MÉDECIN »
120 « CY COMENCE LE VIANDIER DE TAILLEVENT, MAISTRE QUEUX DU ROY NOTRE SIRE POUR ORDONNER LES VIANDES QUI CY APRÈS S'ENSUIVENT. »
121 DES RECETTES NON CODIFIÉES
122 DES SAUCES ÉPICÉES MAIS AUSSI ACIDES ET « MAIGRES »

124 Conclusion

126 Bibliographie

Éditeur
Henri Bancaud

Coordination éditoriale
Caroline Brou

Collaboration éditoriale
Marie-Amélie Le Roy, Marion Dahyot

Conception graphique
Alexandre Chaize

Mise en page
Studio Graphique
des Éditions Ouest-France

Photogravure :
Graph&ty, Cesson-Sévigné (35)

Impression :
Mame Imprimeurs à tours (37)

© 2009, 2010, 2011
Dépôt légal : janvier 2011
ISBN 978-2-7373-5315-4
N° éditeur : 6419.01.4,5.01.11
Imprimé en France

www.editionsouestfrance.fr